A TEOLOGIA *do* LIVRO *de* APOCALIPSE

RICHARD
BAUCKHAM

A TEOLOGIA *do* LIVRO *de* APOCALIPSE

Tradução
PAULO BENÍCIO

Título original: *The theology of the Book of Revelation*

Publisher *Samuel Coto*
Editor *André Lodos Tangerino*
Produção editorial *Fabiano Silveira Medeiros*
Preparação *Gabriel Braz*
Revisão *Leonardo Bianchi* e *Décio Leme*
Indexação *Virginia Neumann*
Diagramação *Sonia Peticov*
Capa *Jônatas Belan*

Dados Internacionais de Catalogação na Publicação (CIP)
(BENITEZ Catalogação Ass. Editorial, MS, Brasil)

B339t Bauckham, Richard
1.ed. A teologia do livro de Apocalipse / Richard Bauckham; tradução Paulo Benício. – 1.ed. – Rio de Janeiro: Thomas Nelson Brasil, 2022.
192 p.; 13,5 x 20,8 cm.

Título original: The theology of the Book of Revelation.
Bibliografia.
ISBN 978-65-5689-349-5

1. Bíblia. N. T. Apocalipse. – Comentários. 2. Bíblia. N. T. Apocalipse – Teologia. 3. Escatologia. 4. Teologia cristã. I. Benício, Paulo. II. Título.

04-2022/38 CDD: 228.06

Índice para catálogo sistemático

1. Apocalipse : Teologia : Cristianismo 228.06

Bibliotecária responsável: Aline Graziele Benitez CRB-1/3129

Thomas Nelson Brasil é uma marca licenciada à Vida Melhor Editora LTDA.

Rua da Quitanda, 86, sala 601A — Centro
Rio de Janeiro — RJ — CEP 20091-005
Tel.: (21) 3175-1030
www.thomasnelson.com.br

Para

Loveday e

Philip Alexander.

SUMÁRIO

REDUÇÕES

LITERATURA ANTIGA

Ap. Abr. — *Apocalipse de Abraão*
Ap. Paulo — *Apocalipse de Paulo*
Ap. Sf. — *Apocalipse de Sofonias*
Asc. Is. — *Ascensão de Isaías*
2Br — *2Baruque (Apocalipse siríaco)*
Bel — Bel e o Dragão
b. Sanh. — *Talmude babilônico, Tratado de Sanhedrin*
1Clem. — *1Clemente*
2Clem. — *2Clemente*
Did. — *Didaquê*
Eo — Eclesiástico
Esc. Jac. — *Escada de Jacó*
Fílon, *Mos.* — Fílon, *De vita Mosis*
Fílon, *Plant.* — Fílon, *De plantatione*
Hermas, *Mand.* — Hermas, *Mandatos*
Hermas, *Vis.* — Hermas, *Visões*
Josefo, *Ant.* — Josefo, *Antiquitates Judaicae*
Jos. Az. — *José e Azenate*
Jub — *Jubileus*
LAB — Pseudo-Fílon, *Liber antiquitatum biblicarum*
Odes Sal. — *Odes de Salomão*
1QGen. Apoc. — Gênesis Apócrifo, da gruta 1 de Qumran
1QH — *Hodayot (Rolo de ação de graças)*, da gruta 1 de Qumran
1QM — *Milhamah (Rolo da guerra),* da gruta 1 de Qumran
4QPls — *Pesher de Isaías,* da gruta 4 de Qumran
1QSb — *Coleção das bênçãos,* da gruta 1 de Qumran
T. Levi — *Testamento de Levi*

Tb Tobias
Vida prof. *Vidas dos profetas*

PUBLICAÇÕES SERIADAS

AARSR American Academy of Religion Studies on Religion
BETL Bibliotheca Ephemeridum Theologicarum Lovaniensium
BNTC Black's New Testament Commentaries
BZNW Beihefte zur *Zeitschrift fir die neutestamentliche Wissenschaft*
EQ *EvangelicalQuarterly*
Int. *Interpretation*
JBL *Journal of Biblical Literature*
JSNTSS *Journal for the Study of the New Testament,* Supplement Series
JSOTSS *Journal for the Study of the Old Testament,* Supplement Series
NCB New Century Bible
Neot. *Neotestamentica*
NTS *New Testament Studies*
RTP *Revue de Théologie et de Philosophie*
SNTSMS SNTS Monograph Series
TDNT Kittel, G., org. *Theological dictionary of the New Testament.* Trad. para o inglês G. W. Bromiley (Grand Rapids: Eerdmans, 1964-1976). 10 vols.
Them. *Themelios*
TU Texte und Untersuchungen
TynB *Tyndale Bulletin*
WUNT Wissenschaftliche Untersuchungenzum Neuen Testament
ZNW *Zeitschriftfür die neutestamentliche Wissenschaft*

PREFÁCIO

Embora, em geral, o Novo Testamento (NT) seja ensinado pelos departamentos, escolas ou faculdades de teologia/religião, o estudo teológico de cada um de seus escritos costuma ser mínimo ou, na melhor das hipóteses, incompleto. Não é difícil entender as razões disso.

De um lado, o estilo tradicional de estudar um documento do NT é pela exegese direta, normalmente versículo por versículo. As preocupações teológicas dividem espaço com questões históricas, textuais, gramaticais e literárias interessantes, muitas vezes em detrimento dos aspectos bíblicos. Essa análise consome muito tempo, de modo que apenas um ou dois textos-chave podem ser abordados em qualquer profundidade em um programa extenso de três anos de duração.

De outro, há uma falta significativa de livros didáticos adequados ao desenvolvimento dos cursos. É provável que os comentários percam observações teológicas dentro de uma massa de outros detalhes, do mesmo modo que as palestras exegéticas. A seção sobre a teologia de um documento na introdução de uma análise costuma ser curta e faz pouco mais do que escolher elementos dentro da escrita em uma sequência de títulos extraídos da teologia sistemática. Em geral, as dissertações abordam apenas um ou dois temas selecionados. Da mesma forma, obras mais extensas que dizem respeito à teologia do NT interpretam as cartas paulinas como um todo e, após dedicar a maior parte de seu espaço a Jesus, Paulo e João, dedicam apenas algumas páginas aos demais.

Consequentemente, há pouco incentivo por parte do professor ou do aluno para se envolver com um documento específico do NT, e os estudantes, ao final, contentam-se com um panorama geral, na melhor das hipóteses complementado por uma análise aprofundada de (partes de) dois ou três escritos do NT. Um corolário sério disso é que os alunos tornam-se, portanto, incapacitados na tarefa de integrar seu estudo do NT com o restante de seus cursos de Teologia ou Religião, já que, com frequência, têm apenas uma visão geral ou uma sequência de versículos particulares abordados de forma atomística. A importância crescente de uma abordagem crítico-literária dos documentos individuais enfatiza, ainda mais, as deficiências atuais. Com pouca experiência em lidar com textos específicos do NT no âmbito teológico, a maioria dos alunos é muito mal preparada para desenvolver uma resposta literária e bíblica devidamente integrada a escritos em particular. Os ordinandos também precisam de mais ajuda do que recebem de livros didáticos, para que suas pregações acerca de determinadas passagens sejam teologicamente mais bem fundamentadas.

Portanto, é necessário que haja uma categoria de livros que preencha a lacuna entre uma introdução muito breve e um comentário muito extenso, no qual a abordagem teológica se perde entre tantas outras preocupações. O objetivo desta obra é oferecer exatamente isso, com um especialista em NT escrevendo mais detalhadamente sobre textos individuais do que costuma ser possível nas introduções às exegeses ou como parte das teologias do NT, explorando os aspectos teológicos desses escritos sem vinculação a um formato ou a uma estrutura temática extraída de outro lugar. A obra tenta explicar a teologia de Apocalipse e se envolver com ela, observando também seu contexto canônico, bem como qualquer influência específica que possa ter exercido na história da fé e da vida cristãs. Destina-se, portanto, àqueles que já têm um ou dois anos de estudo em tempo integral do NT e às pesquisas bíblicas subjacentes.

James D. G. Dunn
Universidade de Durham

CAPÍTULO • UM

LENDO *o* LIVRO *de* APOCALIPSE

QUE TIPO DE LIVRO É APOCALIPSE?

É importante iniciar com essa pergunta, pois a resposta a ela define nossas expectativas e o tipo de significado que esperamos encontrar no livro. Uma das dificuldades que os leitores do NT sentem em Apocalipse é o fato de parecer uma anomalia entre os outros textos do NT. Não sabem lê-lo. E interpretações equivocadas desse livro começam, em geral, quando se considera sua natureza de forma incorreta.

Em geral, nos livros antigos, a indicação essencial do tipo de obra que o livro é, ou pretende ser, está no início. Contudo, os primeiros versículos de Apocalipse parecem indicar que esse livro não pertence a apenas um, mas a três tipos de literatura. O versículo de abertura, que é praticamente um título, fala da *revelação* de Jesus Cristo, que o Senhor lhe deu, e chega a seus servos por meio de uma cadeia de visões: Deus-Cristo-anjo-João (o escritor) — os servos de Deus. A palavra "revelação" ou "apocalipse" (*apokalypsis*) sugere que o livro pertence ao gênero da literatura judaica e cristã antiga que os estudiosos modernos chamam de *apocalipses*, e, embora não possamos ter realmente a certeza de que o termo já tivesse esse sentido técnico quando João o usou, há muitas coisas na obra que se assemelham a outras que chamamos *apocalipses*.

No entanto, 1:3 apresenta Apocalipse como uma *profecia* destinada a ser lida em voz alta no contexto da adoração cristã, e essa constatação é confirmada pelo epílogo do livro (veja 22:6,7, que ecoa 1:1-3 e, principalmente, 22:18,19), razão pela qual 1:4-6 não deixa dúvida de que o livro tem a intenção de ser uma *carta*. Os versículos 4 e 5a seguem a forma convencional de abertura de epístola adotada por Paulo e por outros líderes cristãos primitivos: declaração do escritor e dos destinatários, seguida por uma saudação da seguinte forma: "Graça e paz seja convosco da parte...". Existem algumas diferenças em relação à forma comum de Paulo, porém o formato da carta cristã primitiva é claro e confirmado no final do livro (22:21), que é comparável às conclusões de boa parte das epístolas paulinas. Assim, Apocalipse parece ser uma profecia apocalíptica nos moldes de uma carta circular às sete igrejas na província romana da Ásia. Em 1:11, torna-se explícito que aquilo que é revelado a João (o que ele "vê") deve ser escrito por ele e enviado a essas igrejas aqui nomeadas. Essa ordem se aplica a todas as visões e revelações apresentadas no restante do livro. O hábito de se referir aos capítulos 2 e 3 como as sete "cartas" às igrejas é enganoso, pois, em verdade, não se trata de cartas comuns, mas de mensagens proféticas para cada igreja. O certo é que todo o livro de Apocalipse é uma carta às sete congregações. As sete mensagens destinadas individualmente a cada uma delas são introduções ao restante do livro, o qual é endereçado a todas as sete igrejas. Desse modo, precisamos tentar fazer justiça às três categorias de literatura — apocalipse, profecia e carta — em que a obra parece encaixar-se. Cada uma dessas categorias será analisada, sendo apropriado começar pela profecia.

APOCALIPSE COMO PROFECIA CRISTÃ

Basicamente, tudo o que sabemos sobre João, autor de Apocalipse, é que ele foi um judeu, cristão e profeta. É claro que ele fazia parte de um círculo de profetas nas igrejas da província da Ásia (22:6) e tinha ao menos um rival: a profetisa de Tiatira, que ele considera enganosa (2:20). Assim, para que possamos compreender seu livro, devemos situá-lo no contexto da profecia cristã da época.

É bem provável que João tenha sido um profeta ativo nas igrejas às quais escreve. As sete mensagens às congregações revelam um conhecimento detalhado de cada situação local, e 2:21 refere-se, possivelmente, a um oráculo profético anterior, dirigido à profetisa que ele chama de Jezabel em Tiatira. João não era estranho a essas igrejas, visto que exercera um ministério profético nelas e as conhecia muito bem.

Como, em geral, os profetas cristãos profetizavam no contexto dos cultos de adoração cristã, devemos deduzir que isso é o que João costumava fazer. Portanto, a leitura dessa profecia escrita na reunião de adoração (1:3) substituiu a presença física de João como profeta, o que era mais comum. Com frequência, nas igrejas primitivas, os profetas traziam oráculos que lhes eram dados por Deus nas assembleias de adoração. Declaravam a revelação como a haviam recebido (veja 1Coríntios 14:30; Hermas, *Mand.* 11:9). E essa revelação assumia a forma da palavra de Deus falada à igreja, sob a inspiração do Espírito, em nome de Deus ou do Cristo ressurreto, de modo que o "eu" do oráculo era a pessoa divina que se dirigia à congregação por meio do profeta (cf. *Odes Sal.* 42:6). Entretanto, os primeiros profetas cristãos também parecem haver recebido revelações visionárias que, posteriormente, transmitiram à igreja na forma de um relato da visão (veja Atos 10:9—11:18; Hermas, *Vis.* 1—4). Nesse caso, essa foi inicialmente uma experiência particular, mesmo que tenha ocorrido durante o culto de adoração, e só mais tarde foi relatada à congregação como uma profecia. Podemos estabelecer uma distinção útil — mas não absoluta — entre os dois tipos de profecia: oráculos, falados em nome de Deus ou de Cristo, e relatos de visões, em que os profetas recebem revelações com o propósito de, no futuro, contá-las a outras pessoas. Todo o livro de Apocalipse é uma apresentação de revelações visionárias, incluindo as profecias oraculares. Isso acontece no prólogo (1:8) e no epílogo (22:12,13,16,20). As sete mensagens às igrejas (2:1—3:22) são oráculos escritos como a palavra de Cristo para elas. Além disso, ao longo do livro (p. ex., 13:9,10; 14:13b; 16:15), existem oráculos proféticos que interrompem os relatos das visões.

No entanto, ainda que Apocalipse lembre, de uma forma muito geral, o tipo de profecia que João poderia ter oferecido oral e pessoalmente, é também uma composição muito mais elaborada e estudada do que qualquer profecia extemporânea poderia ter sido. Apocalipse é uma obra literária composta com um cuidado e uma habilidade impressionantes. Certamente, não podemos duvidar de que João teve experiências visionárias marcantes, mas ele as transmutou por meio do que deve ter sido um longo processo de reflexão e escrita, em uma criação totalmente literária que não teve o objetivo de reproduzir a experiência, mas, sim, de comunicar o significado da revelação que lhe foi dada. Sabemos que Apocalipse destina-se à apresentação oral (1:3), porém, como uma criação literária complexa, densa de sentido e alusão, precisa ser qualitativamente diferente da oralidade espontânea da maior parte das profecias cristãs primitivas.

Portanto, talvez o fato de ele haver escrito essa profecia não se deva apenas à sua impossibilidade de estar com suas igrejas em pessoa. Ele escreveu de Patmos (1:9), uma ilha habitada não muito distante de Éfeso. Muitas vezes, presume-se que 1:9 indica que ele tenha sido exilado ali, fugindo da perseguição, ou legalmente expulso e enviado àquele local. Isso é possível, mas também pode ser que ele tenha ido a Patmos com o propósito de receber a revelação (a passagem "por causa da palavra de Deus e do testemunho de Jesus" talvez se refira a 1:2, em que esses termos designam "tudo o que viu". Por outro lado, veja 6:9; 20:4).

Embora, naquela época, a maioria das profecias cristãs fosse oral, e não escrita, João tinha muitos modelos para uma profecia escrita, tanto nos livros proféticos das escrituras hebraicas como nos apocalipses judaicos posteriores. Em suas formas literárias, o que ele expressa se encaixa em ambos os tipos de padrão. É claro que João não via a si mesmo apenas como um dos profetas cristãos, mas também como parte da tradição das profecias do Antigo Testamento (AT). Por exemplo, em 10:7, ele ouve que "vai cumprir-se o mistério de Deus, da forma que ele o anunciou aos seus servos, os profetas". A referência (em alusão a Amós 3:7) é quase certamente direcionada aos profetas do AT, razão pela qual João passa a registrar seu próprio comissionamento profético (10:8-11) de uma forma modelada na passagem de Ezequiel (Ezequiel 2:9—3:3). Sua tarefa é proclamar o cumprimento do que Deus revelou aos profetas do passado. Todo o livro está repleto de menções às profecias do AT, ainda que não formalmente. Como profeta, João não tem de citar seus antecessores. Entretanto, ele retoma e reinterpreta suas profecias, do mesmo modo que os próprios escritores posteriores da tradição profética do AT retomaram e reinterpretaram as visões pretéritas. É um fato notável, por exemplo, que o grande oráculo joanino contra a Babilônia (18:1—19:8) ecoe cada um dos oráculos contra ela nos profetas do AT, bem como os dois oráculos principais contra Tiro.[1] A impressão é que João não só escreve segundo a tradição dos profetas do AT, como vê a si mesmo escrevendo no auge dessa tradição, quando todos os oráculos escatológicos dos profetas estão prestes a ser finalmente cumpridos, e então os interpreta e reúne segundo sua própria revelação profética. O que o torna um profeta cristão é que ele faz isso à luz da concretização da expectativa profética do AT na vitória do Cordeiro, o Messias Jesus.

AS REVELAÇÕES COMO APOCALIPSE

Há muito tempo os estudos bíblicos traçam a distinção entre a profecia do AT e os apocalipses judaicos, que incluem o livro de Daniel, do AT, bem como obras extracanônicas como *1Enoque*, *4Esdras* e *2Baruque*. A extensão e o caráter da continuidade e as diferenças entre a profecia e o apocalipse são intensamente debatidos. Contudo, a distinção significa que a relação entre Apocalipse

[1]Babilônia: Isaías 13:1—14:23; 21:1-10; 47; Jeremias 25:12-38; 50; 51. Tiro: Isaías 23; Ezequiel 26—28. Assim como em muitos outros aspectos do uso do AT por Apocalipse, devo esse ponto ao importante trabalho de J. Fekkes III: "Isaiah and prophetic traditions in the Book of Revelation: visionary antecedents and their development", tese de doutorado (University of Manchester, 1988).

e os apocalipses judaicos também foi tratada. Com frequência, a questão tem sido proposta de forma enganosa, como se o próprio João tivesse criado os tipos de diferenciação que os estudiosos modernos têm aplicado à profecia e ao apocalipse. Isso é muito improvável. Certamente, João teria considerado o livro de Daniel, uma de suas principais fontes do AT, um livro profético. Se conhecesse pelo menos uma parte dos apocalipses pós-bíblicos, como provavelmente conhecia, ele os teria visto como um modelo de profecia. As formas e as tradições que o Apocalipse compartilha com outros textos que chamamos de apocalipses serão usadas por João como veículos proféticos, em continuidade com a profecia do AT.

Ainda podemos questionar em que sentido o livro de Apocalipse pertence ao grupo da literatura religiosa antiga que chamamos de apocalipse. J. J. Collins define esse gênero literário da seguinte forma:

> O "apocalipse" é um gênero de literatura revelatória com uma estrutura narrativa, em que uma revelação é mediada por um ser de outro mundo a um receptor humano, apresentando uma realidade transcendente, que é tanto temporal, uma vez que prevê salvação escatológica, quanto espacial, uma vez que envolve outro mundo sobrenatural.[2]

A referência à salvação escatológica seria contestada em um estudo recente dos apocalipses. Embora, convencionalmente, acredite-se que os apocalipses tratem de história e escatologia, isso não é necessariamente verdadeiro sobre todos eles. Os segredos celestiais revelados ao vidente nos apocalipses judaicos existentes cobrem uma ampla gama de temas e não estão interessados exclusivamente em nenhuma das duas.[3] No entanto, o Apocalipse de João se preocupa exclusivamente com a escatologia: o julgamento e a salvação,

---

[2]J. J. Collins, "Introduction: towards the morphology of a genre", *Semeia* 14 (1979): 9.

[3]Veja espec. C. Rowland, *The open heaven* (London: SPCK, 1982).

bem como o respectivo impacto na situação presente em que ele escreve. A revelação celeste que ele recebe refere-se à atividade de Deus na história a fim de alcançar seu propósito escatológico para o mundo. Em outras palavras, as inquietações de João são exclusivamente proféticas. Ele usa o gênero literário apocalíptico como veículo de profecia, algo que nem todos os apocaliptistas judeus faziam de modo sistemático. Assim, seria melhor chamar a obra de João de apocalipse profético ou profecia apocalíptica. Com essa qualificação, a obra se encaixa, obviamente, na definição de gênero citada, e não deve haver dificuldade em reconhecer sua relação genérica com os apocalipses judaicos e, ao mesmo tempo, admitir sua continuidade com a profecia do AT.

O livro joanino pertence à tradição apocalíptica de maneiras diversas. Ele adota formas literárias específicas e itens particulares da tradição apocalíptica que também podem ser rastreados nos apocalipses judaicos.[4] Todavia, para nossos propósitos, é mais importante indicar dois modos bastante amplos em que Apocalipse se estabelece na tradição da literatura apocalíptica judaica.

Em primeiro lugar, a obra de João é um apocalipse profético, uma vez que comunica a revelação de uma perspectiva transcendente sobre este mundo. Também é profética no modo de abordar uma situação histórica concreta — a dos cristãos na província romana asiática no final do primeiro século — e trazer aos leitores uma palavra visionária de Deus, permitindo-lhes discernir o propósito divino em sua condição e responder à sua situação de uma forma apropriada a esse objetivo. Essa comunicação contextual do propósito divino é típica da tradição profética bíblica. Porém, o

[4]Para exemplos de tradições apocalípticas judaicas em Apocalipse, veja R. Bauckham, "Resurrection as giving back the dead: a traditional image of resurrection in the Pseudepigrapha and the Apocalypse of John", a ser publicado em J. H. Charlesworth; C. A. Evans, orgs., *The Pseudepigrapha and the New Testament: comparative studies* (a ser incluído no *Journal for the Study of the Pseudepigrapha*, Supplement Series [Sheffield Academic, 1992]); e o cap. 2 ("The use of apocalyptic traditions") de R. Bauckham, *The climax of prophecy: studies in the Book of Revelation* (Edinburgh: T. & T. Clark, 1992).

texto joanino também é *apocalíptico*, pois permite que seus leitores vejam sua situação com uma visão profética do propósito de Deus revelando o conteúdo de uma previsão na qual João é, digamos, levado deste mundo para vê-lo de modo diferente. Aqui, este volume pertence ao legado apocalíptico de revelação visionária, segundo o qual um vidente é conduzido em visão à sala do trono de Deus no céu, com a finalidade de descobrir os segredos do propósito divino (veja, p. ex., *1Enoque* 14—16; 46; 60:1-6; 71; *2Enoque* 20 e 21; *Ap. Abr.* 9—18).

João (e, portanto, seus leitores com ele) é levado ao céu para contemplar o mundo sob a perspectiva celestial. Ele tem um vislumbre dos bastidores da história para poder enxergar o que realmente está acontecendo nos eventos de sua época e lugar. É também transportado em visão ao futuro do mundo, com o intuito de ver o presente sob a perspectiva de como deve ser seu resultado, no propósito final de Deus para a história humana. Pode-se dizer que o efeito das visões joaninas é expandir o mundo de seus leitores, tanto espacialmente (ao céu), quanto temporalmente (ao futuro escatológico), ou, dito de outra maneira, abrir seu mundo à transcendência divina. Os limites que o poder e a ideologia romana estabeleceram ao universo dos leitores são rompidos, e o mundo passa a ser visto como aberto ao propósito maior de seu Criador e Senhor transcendente. Não é que o "aqui e agora" tenha sido deixado para trás em uma fuga rumo ao céu ou ao futuro escatológico, mas, sim, que o "aqui e agora" parece totalmente diferente quando está aberto à transcendência.

O mundo visto por essa perspectiva transcendente, na visão apocalíptica, é uma espécie de novo mundo simbólico a que os leitores de João são levados enquanto seu talento o cria para eles.[5] Porém, não é realmente outro mundo, mas, sim, o espaço concreto e cotidiano de seu público visto em uma perspectiva celeste e escatológica. Dessa forma, sua função, como observaremos

[5]Veja D. L. Barr, "The Apocalypse as a symbolic transformation of the world: a literary analysis", *Int.* 38 (1984): 39-50.

posteriormente com mais detalhes, é contrapor o ponto de vista imperial romano do mundo, que era a percepção ideológica dominante de sua situação — percepção que os leitores de João naturalmente tendiam a compartilhar. Apocalipse contraria essa falsa visão da realidade, abrindo o mundo à transcendência divina. Tudo o que ele compartilha com a literatura apocalíptica, por meio de transporte visionário para o céu, visões da sala celestial do trono de Deus, mediadores angelicais de revelação, visões simbólicas de poderes políticos, julgamento vindouro e nova criação, serve à missão de revelar o mundo no qual os leitores de João vivem sob a perspectiva do propósito divino transcendente.

Um segundo sentido importante em que Apocalipse se firma na tradição dos apocalipses judeus é que ele defende a *questão* que preocupou muitos deles: quem é o Senhor sobre o mundo? À medida que o interesse na tradição profética do AT permaneceu, os apocalipses judeus se concentraram tipicamente no aparente não cumprimento das promessas divinas, por meio dos profetas, para o julgamento do mal, a salvação dos justos, a realização da justiça de Deus sobre o mundo. Os justos sofrem, enquanto os ímpios prosperam: o universo parece ser dominado pelo mal, não pelo Senhor. Onde está o reino de Deus? Os apocaliptistas tentaram manter a fé no Deus único, todo-poderoso e justo, em face da dura realidade do mal na terra, principalmente o mal político da opressão do povo fiel de Deus pelos grandes impérios pagãos. A resposta a esse problema sempre foi essencialmente que, apesar das aparências, é o Senhor quem governa sua criação e está chegando o tempo em que destruirá os impérios do mal e estabelecerá seu reino.[6] O Apocalipse joanino compartilha formas importantes desse interesse central, vendo o domínio de Deus sobre o mundo aparentemente contraposto pelo domínio do Império Romano, que arroga para si mesmo o governo divino do mundo — e a impressão é que

[6]Veja, p. ex., R. Bauckham, "The rise of apocalyptic", *Them.* 3/2 (1978): 10-23; Rowland, *Open heaven*, p. 126-35.

faz isso com sucesso. Também enfrenta a seguinte questão: então, quem é realmente o Senhor do universo? Prevê a crise escatológica, quando o problema atingirá seu ápice para depois ser resolvido no momento do triunfo máximo de Deus acima de todo o mal e no estabelecimento de seu reinado eterno. Como veremos, o modo de João lidar com esses temas é profundamente diferente, mas a distinção surge de sua continuidade com as preocupações da tradição apocalíptica judaica.

DIFERENÇAS EM RELAÇÃO A OUTROS APOCALIPSES

Neste ponto, após admitirmos que o livro pertence ao gênero literário apocalíptico, precisamos levar em consideração dois grupos de literatura puramente formais em que ele se distingue quando comparado a outros apocalipses. O primeiro grupo é raramente percebido. O trabalho de João é bem incomum na extensão prolífica de suas imagens visuais. Sabe-se que as visões simbólicas são típicas do gênero. Entretanto, em outros apocalipses, outras formas de revelação costumam ser tão ou mais importantes. Com frequência, há longas conversas entre o vidente e o revelador celestial (Deus ou seu anjo), quando, então, a informação é transmitida em termos bem diferentes dos símbolos visuais que dominam Apocalipse (p. ex., *4Esdras* 3—10; *2Baruque* 10—30). Em geral, existem longas passagens de profecia narrativa (p. ex., Daniel 11:2—12:4), e poucas delas estão nessa obra (veja 11:5-13; 20:7-10). A proporção de seu simbolismo visual é maior do que se vê, comparativamente, em qualquer outro apocalipse. Contudo, existem outras diferenças além da proporção. Visões figuradas nos apocalipses precisam normalmente ser interpretadas por um anjo que explica seu significado ao vidente (p. ex., *4Esdras* 10:38-54; 12:10-36; 13:21-56; *2Baruque* 56—74). Essas interpretações são raras em Apocalipse (7:13,14; 17:6-18), em que tais representações são feitas para expressar o próprio significado. Portanto, os símbolos podem reter um significado excedente que qualquer tradução em termos literais corre o risco de reduzir.

Além disso, o modelo de visão típico dos apocalipses é relativamente curto e autossuficiente, abarcando somente uma seção de um deles (p. ex., Daniel 7; 8; *4Esdras* 10—13). As imagens dessa visão lhe são peculiares e não se repetem em outras partes da obra. Em contraste, o livro do Apocalipse traz realmente (de 1:10 a 22:6) uma concepção única. A imagem é comum ao todo. De vez em quando, o cenário muda e novas figuras podem ser introduzidas, porém, uma vez apresentadas, podem repetir-se ao longo do livro. Assim, a visão de João cria um universo representativo exclusivo no qual seus leitores podem viver durante o tempo que levam para ler (ou ouvir) a obra. Tanto a profusão de elementos visuais como a unidade e a continuidade da sequência visionária tornam o livro de Apocalipse distinto entre os apocalipses.

Isso não deve ser explicado apenas pela suposição de que João tinha uma imaginação extraordinariamente poderosa. O poder, a abundância e a constância dos símbolos têm um propósito literário-teológico. Eles criam um universo figurativo no qual os leitores podem entrar tão plenamente que a influência desse universo transforma sua percepção do mundo. É claro que a maioria dos "leitores" era composta, originariamente, por ouvintes. Apocalipse destinava-se ao desempenho oral nos cultos de adoração cristã (veja 1:3).[7] Portanto, de certa forma, seu efeito seria comparável a uma encenação dramática, em que a plateia entra no contexto do drama ao longo de sua realização e pode ter sua percepção do mundo fora do cenário poderosamente transformada por sua experiência. Muitos apocalipses poderiam ter algo desse efeito. Contudo, o caráter especialmente visual da obra e sua unidade simbólica peculiar conferem a Apocalipse um potencial particular de se comunicar desse modo. É um aspecto do texto que retomaremos posteriormente.

Uma segunda diferença literária formal entre o livro de Apocalipse e os apocalipses judaicos é que, ao contrário desses, o

[7]Veja D. L. Barr, "The Apocalypse of John as oral enactment", *Int.* 40 (1986): 243-96.

primeiro não é pseudepigráfico. Os escritores dos apocalipses judaicos não usavam seus próprios nomes: escreviam sob o nome de algum vidente antigo da tradição bíblica, como Enoque, Abraão ou Esdras. A explicação para esse fenômeno não é de fácil entendimento.[8] É improvável que os autores dos apocalipses tivessem a intenção de enganar, sendo mais plausível que desejassem reivindicar a autoridade de uma tradição antiga — uma autoridade que lhes conferisse maior segurança, em vez de assumirem uma autoridade própria e independente. Entretanto, a pseudepigrafia tinha uma consequência literária importante. Os autores dos apocalipses tinham de remeter ficcionalmente a uma situação no passado remoto. É claro que eles escreviam para seus contemporâneos e com sua própria situação em vista, mas não podiam fazer isso de forma explícita, exceto representando o vidente apocalíptico como prevendo um futuro distante, o período no final da era em que o autor real e seus leitores viviam.

Em contraste, João escreve usando seu nome. Sem dúvida, ele está bem consciente de escrever dentro da tradição dos profetas do AT, mas ele mesmo é um profeta que se insere nesse legado. Como ele está no ponto culminante dessa tradição, à beira do cumprimento escatológico final para o qual todas as profecias haviam apontado, sua autoridade é, no mínimo, maior que a de seus antecessores. Sabe-se, contudo, que essa autoridade não reside realmente nele, mas na revelação de Jesus Cristo, da qual ele dá testemunho profético (1:1,2). Todavia, sua consciência é tal que, como Isaías ou Ezequiel, ele não sente necessidade de recorrer a um pseudônimo, optando por escrever sob seu próprio nome (1:1,4,9; 22:8), e relaciona seu comissionamento à profecia (1:10,11,19; 10:8-11).

É instrutivo comparar 22:10 com os versículos que Apocalipse toma como modelo, no final do livro de Daniel — o apocalipse

---

[8]Veja, p. ex., D. S. Russell, *The method and message of Jewish apocalyptic* (London: SCM, 1964), p. 127-39; Rowland, *Open heaven*, p. 240-5; D. G. Meade, *Pseudonymity and canon*, WUNT 39 (Tubingen: Mohr [Siebeck], 1986), cap. 4.

canônico ao qual a profecia de João tanto deve.[9] O anjo diz ao profeta: "Feche com um selo as palavras do livro até o tempo do fim [...] Siga o seu caminho, Daniel, pois as palavras estão seladas e lacradas até o tempo do fim" (Daniel 12:4,9). As visões de Daniel estão relacionadas a um futuro distante da época em que ele viveu. Sua profecia deve permanecer secreta, escondida em um livro selado, até o fim dos tempos, quando, então, o povo que vive naqueles dias será capaz de compreendê-la. O anjo de João dá instruções claramente diferentes: "Não sele as palavras da profecia deste livro, pois o tempo está próximo" (22:10; veja 1:3). A profecia joanina tem relevância imediata para seus contemporâneos. Não diz respeito a um futuro distante, mas à situação que o próprio João compartilha com seus ouvintes nas sete igrejas da Ásia. Por isso, ele a evoca no começo de sua previsão: "Eu, João, irmão e companheiro de vocês no sofrimento, no Reino e na perseverança em Jesus..." (1:9). Portanto, ele dirige não só as sete mensagens dos capítulos 2 e 3, mas o livro inteiro, aos seus companheiros nas sete igrejas da Ásia (1:4,11). A condição deles é a situação escatológica com a qual o fim da história colide imediatamente.

Essa contemporaneidade explícita de João com seus leitores mostra que ele pode abordar sua situação real não apenas de maneira mais clara, mas também mais concreta e particular do que era possível para os apocaliptistas que escreviam sob um pseudônimo antigo. Isso nos reconduz ao terceiro gênero literário a que pertence Apocalipse: o epistolar.

APOCALIPSE COMO CARTA CIRCULAR

Todo o livro de Apocalipse é uma carta circular destinada a sete igrejas específicas: Éfeso, Esmirna, Pérgamo, Tiatira, Sardes, Filadélfia e Laodiceia (1:11; cf. 1:4; 22:16). É muito provável que elas

[9]G. K. Beale, *The use of Daniel in Jewish apocalyptic literature and in the Revelation of St. John* (Lanham/ New York/ London: University of America Press, 1984).

tenham sido citadas na ordem em que seriam visitadas por um mensageiro partindo de Patmos e viajando em uma rota circular ao redor da província da Ásia. Todavia, muitas leituras equivocadas de Apocalipse, principalmente aquelas que supõem que boa parte da obra não se destinava aos leitores do primeiro século, só podendo ser compreendida pelas gerações posteriores, resultaram da negligência com o fato de que o Apocalipse é uma carta.

A característica especial de uma carta como gênero literário é que ela permite ao escritor identificar os destinatários e abordar sua condição da forma mais específica que desejar. Os textos da maioria dos outros gêneros são, em tese, dirigidos a um público menos definido: qualquer pessoa de quem se possa esperar realmente a leitura da obra. É claro que as mensagens podem ser de interesse e valor aos indivíduos além do círculo dos destinatários apontados. É assim que algumas cartas apostólicas, como as de Paulo, começaram a circular em outras igrejas além daquelas às quais foram originariamente enviadas, tornando-se, por fim, parte do cânon do NT. Um escritor de epístolas como Paulo pode até *esperar* que sua mensagem seja passada a pessoas diferentes daquelas a quem ele se dirige (veja Colossenses 4:16), mas essas pessoas não são verdadeiramente abordadas. Quanto mais especificamente o conteúdo se relaciona aos interesses e à situação dos receptores, mais os outros leitores precisam lê-lo como um texto não direcionado a si mesmos, mas, sim, aos outros. Isso, contudo, não diminui seu valor para outros indivíduos que não sejam os destinatários. Por exemplo, 1Coríntios lida especificamente com algumas questões da igreja de Corinto no momento de sua escrita. Todavia, provou-se um texto valioso para muitos outros leitores, que o leem oportunamente quando levam em conta o fato de ter sido escrito para aquela igreja. O texto fala com eles, ainda que somente quando algo do contexto de seus destinatários originais torna-se parte do modo que se dirige a eles.

Geralmente, uma carta circular não poderia ser tão específica quanto uma epístola endereçada a um único grupo de destinatários. Basta comparar as cartas paulinas enviadas a determinadas igrejas com a epístola aos efésios (que, provavelmente, em sua origem, era uma mensagem circular dirigida a diversas congregações), ou com 1Pedro para perceber a diferença. No entanto, em Apocalipse, João recorreu a um método aparentemente original de escrever uma carta que fala de forma tão específica quanto possível a cada comunidade em particular. Embora a maior parte de seu trabalho se concentre em todas as igrejas, de forma indiscriminada, ele o apresenta com uma série de sete mensagens específicas de Cristo às sete igrejas (caps. 2 e 3). Cada texto é particularmente relevante para a condição da congregação abordada, que João conhecia bem. Esses sete discursos nos mostram que as sete igrejas eram muito diferentes, enfrentando dificuldades diversas e reagindo cada qual à sua maneira aos problemas comuns. Cristo fala individualmente a cada uma delas, mas as mensagens não são independentes: cada uma é uma introdução ao restante do livro.

O fato de as sete cartas serem introdutórias ao restante do livro pode ser comprovado especialmente a partir das promessas aos vencedores que completam cada mensagem: Cristo promete salvação escatológica (em termos que costumam ser, de alguma forma, adequados à igreja destinatária) "ao vencedor" (2:7,11,17,26-28; 3:5,12,21). Em cada uma das diferentes situações das congregações, o chamado é para que sejam vitoriosos. Porém, o sentido da vitória não é explicado. O que significa conquistar fica claro apenas no restante do livro, quando os vencedores aparecem e é revelado o que eles alcançam e em que consiste seu triunfo. Então, a fórmula das promessas aos conquistadores, usada em todas as sete mensagens, reaparece somente uma vez, na visão da Nova Jerusalém (21:7). Assim, o chamado à vitória, dirigido aos cristãos em cada uma das sete congregações nos capítulos 2 e 3, é um convite ao envolvimento na batalha escatológica apresentada nos capítulos centrais, a fim de alcançar o destino tratado no fim do livro. De certo modo, toda a obra aborda a maneira em que os cristãos dessas igrejas podem, ao se tornarem vitoriosos nas situações específicas de suas próprias comunidades, entrar na Nova Jerusalém. Embora a obra como um todo explique do que se trata a guerra e como deve ser vencida, a mensagem a cada igreja adverte sobre o que é específico, a seu respeito, no campo de batalha.

Portanto, as sete cartas oferecem sete introduções diferentes para o restante do livro. João produziu um volume que, de forma bastante incomum, deve ser lido a partir de sete perspectivas explicitamente diferentes, ainda que, evidentemente, esses sejam pontos de vista dentro de uma situação comum mais abrangente, compartilhada por todas as sete igrejas. Embora, após os capítulos 2 e 3, Apocalipse não seja mais específico em relação à situação individual de cada igreja, é específico quanto ao seu cenário em comum, como congregações cristãs no Império Romano, no final do primeiro século. O recurso das sete mensagens permite que João se envolva corretamente com os sete diferentes contextos em que seu livro seria lido, integrando-os na perspectiva mais ampla do restante do livro, quando, então, ele se preocupa com a tirania mundial de Roma e, em um sentido ainda mais abrangente, com o conflito cósmico de Deus e o mal, e o propósito escatológico divino para toda a sua criação. Desse modo, ele mostra aos cristãos de cada uma das sete igrejas como as questões em seu contexto local devem ser compreendidas à luz da batalha cósmica de Deus contra o mal e seu propósito escatológico de estabelecer seu reino.

O fato de João contextualizar, de forma explícita e cuidadosa, sua mensagem profética em sete contextos específicos nos permite resistir a uma generalização comum sobre Apocalipse: de que seria um livro escrito com a intenção de consolar e encorajar os cristãos que sofrem perseguição, a fim de lhes garantir que seus opressores serão julgados e justificados no final. A aceitação comum e acrítica dessa generalização provavelmente está ligada ao fato de ser feita com respeito à literatura apocalíptica como um todo.[10] Não precisamos abordar aqui em que dimensão a literatura apocalíptica em

[10]P. ex., Russell, *Method and message*, p. 17.

geral serve de consolo aos oprimidos, pois, no caso de Apocalipse, é bem claro — com base nas sete mensagens — que o encorajamento em face da opressão era apenas uma das necessidades das sete igrejas. As mensagens mostram que João aborda uma variedade de situações que ele percebe como muito diferentes. Seus leitores não eram todos pobres e perseguidos por um sistema opressor: muitos eram prósperos e até mesmo comprometidos com aquele sistema. Esses últimos não recebem conforto e incentivo, mas, sim, advertências duras e chamadas ao arrependimento. A esses cristãos, os julgamentos tão vividamente apresentados no restante do livro não deveriam aparecer como juízos de seus inimigos, mas como algo que eles próprios corriam o risco de sofrer, já que adorar a besta não era uma atitude exclusiva de seus vizinhos pagãos. Cultuá-la era algo que muitos dos leitores cristãos de João sentiam-se tentados a fazer, acabaram realmente fazendo ou até mesmo (se, p. ex., deram ouvidos à profetisa "Jezabel", em Tiatira) justificaram. Se as visões trazem consolo e encorajamento ou advertência e desafio doloroso, depende de a qual dos grupos de cristãos apresentados nas sete mensagens o leitor pertence. Além disso, como veremos no capítulo 4 deste livro, o chamado à "conquista", que é dirigido a todas as igrejas nas sete mensagens, transcende tanto o conforto quanto às advertências. Ele chama os cristãos à tarefa de dar testemunho de Deus e de sua justiça, para a qual o consolo e as advertências das sete mensagens destinam-se a prepará-los.

Como reconhecemos completamente a especificidade das sete mensagens às igrejas, é possível questionar se João também previu a existência de outros leitores. Por que ele escreve a *sete* congregações? Essas não eram, de forma alguma, as únicas comunidades cristãs na província da Ásia, e João certamente deve ter esperado que sua obra fosse passada adiante dessas sete igrejas a outras na região circunvizinha e ainda mais longe. A certeza com que ele parece enxergar sua profecia como o ponto culminante de toda a tradição profética bíblica sugere relevância a todas as igrejas cristãs. Isso é o que o número sete indica. Observaremos neste livro — com bastante frequência — o significado simbólico atribuído aos números em Apocalipse. Sete é o número da perfeição.[11] Ao se dirigir a sete grupos, João mostra que sua mensagem se destina a igrejas específicas como *representantes* de todas as outras. Essa conclusão é ratificada pelo refrão — uma convocação para que recebam um oráculo profético — que aparece em cada uma das sete mensagens: "Aquele que tem ouvidos ouça o que o Espírito diz às igrejas" (2:7,11,17,29; 3:6,13,22). Isso parece chamar todos os leitores a ouvir a mensagem dirigida a cada uma das sete comunidades. Não diminui a particularidade do que é dito a cada congregação, que se revela peculiarmente relevante a cada uma delas. Significa, sim, que, exatamente por abordar uma variedade de situações concretas da igreja, Apocalipse trata de uma diversidade *representativa* de contextos. A gama de diferentes situações nessas sete comunidades é suficiente para qualquer igreja cristã no final do primeiro século encontrar analogia com sua própria condição em uma, ou mais, das mensagens e, desse modo, considerar todo o livro relevante para si mesma. Posteriormente, outras igrejas seriam capazes de fazer o mesmo, possibilitando um grau necessário de ajuste aos contextos históricos em transformação.

COMPREENDENDO AS IMAGENS

Já observamos a abundância incomum de representações visuais em Apocalipse e sua capacidade de criar um mundo simbólico no qual seu público pudesse entrar e, dessa forma, ter sua percepção de mundo transformada. Para que possamos compreender a importância disso, precisamos lembrar que os leitores de Apocalipse nas grandes cidades da província da Ásia eram constantemente confrontados com imagens poderosas da "visão de mundo" romana. Arquitetura cívica e religiosa, iconografia, estátuas, rituais e festivais, e até mesmo a maravilha visual de

[11]Observe que, segundo o Cânon Muratoriano, tanto João (em Apocalipse) quanto Paulo, ao escreverem a sete igrejas, dirigiram-se, em verdade, a todas.

"milagres" cuidadosamente projetados (veja Apocalipse 13:13,14) nos templos:[12] tudo isso oferecia impressões visuais grandiosas do poder imperial de Roma e do esplendor da religião pagã.[13] Nesse contexto, o livro de Apocalipse apresenta um conjunto de contraimagens proféticas cristãs que imprimem em seus leitores uma visão diferente do mundo, ou seja, como ele se parece quando visto do céu, para onde João é arrebatado no capítulo 4. O poder visual da obra realiza uma espécie de purificação do imaginário cristão, renovando-o com visões alternativas de como o mundo é e será. Por exemplo, no capítulo 17, os leitores de João compartilham sua visão de uma mulher. À primeira vista, ela parece a deusa Roma em toda a sua glória, uma personificação deslumbrante da civilização romana, já que era adorada em muitos templos nas cidades da Ásia.[14] Entretanto, pelos olhos de João, trata-se de uma prostituta romana, uma meretriz sedutora e uma feiticeira ardilosa, e sua riqueza e magnificência representam os lucros de seu comércio desonroso. Vale lembrar que existem conotações bíblicas da rainha manipuladora Jezabel para reforçar essa impressão. Dessa forma, os leitores de João são capazes de perceber um pouco do verdadeiro caráter de Roma: sua corrupção moral por trás das ilusões atraentes que encontravam constantemente em suas cidades.

É bom esclarecer que as imagens de Apocalipse são símbolos com poder evocativo, convidando à participação imaginativa no mundo simbólico do livro. Contudo, essas imagens não

[12]S. J. Scherrer, "Signs and wonders in the imperial cult: a new look at a Roman religious institution in the light of Rev 13:13-15", *JBL* 103 (1984): 599-610.

[13]Veja P. J. J. Botha, "God, emperor worship and society: contemporary experiences and the Book of Revelation", *Neot.* 22 (1988): 87-102.

[14]Veja D. Magie, *Roman rule in Asia Minor to the end of the third century after Christ* (Princeton University Press, 1950), p. 1613-4; S. R. F. Price, *Rituals and power: the Roman imperial cult in Asia Minor* (Cambridge University Press, 1984), p. 40-3, 252, 254; R. Mellor, θεαρωμη: *the worship of the goddess Roma in the Greek world*, Hypomnemata 42 (Gottingen: Vandenhoeck & Ruprecht, 1975), p. 79-82.

trabalham meramente como figuras verbais. Sua composição literária precisa é sempre fundamental para seu significado. Em primeiro lugar, a elaboração surpreendentemente meticulosa da obra cria uma rede complexa de referências literárias cruzadas, paralelos e contrastes que elucidam o sentido das partes e do todo. É claro que nem tudo isso será identificado na primeira, na sétima ou na septuagésima leitura. Esse é um dos meios segundo os quais o livro foi planejado para produzir, progressivamente, uma ampla gama de significados, por meio de estudo intensivo. Em segundo lugar, como já apontamos, Apocalipse está repleto de menções verbais ao AT. Não são alusões casuais, mas, sim, essenciais à maneira que o significado é transmitido. Sem perceber algumas das principais alusões, pouco ou nada do sentido das figuras será compreendido. Todavia, assim como a padronização literária, o emprego exato e sutil por João das citações do AT cria um reservatório de sentidos que pode ser analisado progressivamente. As menções ao AT costumam pressupor seu contexto e uma variedade de vínculos entre os textos que não são explicados e são subjacentes à mensagem de Apocalipse. Se questionarmos o que o cristão comum, nas igrejas da Ásia, pensaria disso, teremos de lembrar que o caráter fortemente judaico da maioria dessas congregações tornou o AT muito mais familiar do que é até mesmo para os cristãos modernos e instruídos. Porém, também é preciso lembrar do círculo de profetas cristãos nas igrejas (veja 22:9,16) que, provavelmente, teriam estudado, interpretado e explicado a profecia joanina com o mesmo tipo de atenção especial que dispensaram às profecias do AT.

Assim como sua alusão abrangente ao AT, as imagens de Apocalipse ecoam igualmente figuras mitológicas de seu mundo contemporâneo. A serpente ou o dragão, símbolos apocalípticos para a fonte primitiva do mal no mundo, o Diabo (12:3-9), são um bom exemplo de representação com fortes raízes bíblicas (Gênesis 3:14,15; Isaías 27:1) que o livro evoca, mas também com profunda ressonância cultural na mente dos leitores contemporâneos, graças à sua importância na mitologia e na religião pagã.[15] Outro tipo de menção contemporânea é a ideia de invasão do Oriente (9:13-19; 16:12). Nesse caso, João assume um temor político bastante real no Império Romano do primeiro século, já que a ameaça de invasão do Império Parta foi intensamente sentida. Apresentava o mesmo tipo de conotação de conquista por uma civilização cruel e estrangeira que a ameaça de invasão russa teve para muitos europeus ocidentais no período da Guerra Fria, ainda que, para alguns súditos orientais de Roma, oferecesse a possibilidade de libertação da opressão romana. Quando Apocalipse retrata os reis do Oriente invadindo o império em aliança com "a besta, porque ela era, agora não é, e, entretanto, virá" (17:8), está ecoando o mito contemporâneo que retratou o imperador Nero — lembrado por alguns como um vilão tirano, transformado por outros em uma figura salvadora — voltando à frente das multidões partas para conquistar o Império Romano.[16] Dessa forma, as imagens de João ecoam e lidam com os fatos, medos, esperanças, imaginações e mitos de seus contemporâneos, a fim de transmutá-los em elementos de seu próprio significado profético cristão.

Portanto, seria um erro grave interpretar as representações apocalípticas como símbolos atemporais. Sua natureza, de acordo com o contexto de Apocalipse, é de uma carta enviada às sete igrejas da Ásia. Sua ressonância nos universos social, político, cultural e religioso específicos de seus primeiros leitores, deve ser compreendida para que seu significado faça sentido nos dias atuais. Eles não criam um mundo estético puramente autossuficiente, sem referência, a não ser em si mesmo, pois pretendem relacionar-se com o mundo no qual os leitores vivem, com o intuito de reelaborar e redirecionar sua resposta a esse mundo. No entanto, se as figuras

[15]R. Bauckham, "The *figurae* of John of Patmos", in: Ann Williams, org., *Prophecy and millenarianism: essays in honor of Marjorie Reeves* (London: Longman, 1980), p. 116-21; na forma revisada: "The Lion, the Lamb and the dragon", in: Bauckham, *The climax of prophecy*, cap. 6.

[16]Veja cap. 11 ("Nero and the beast"), em Bauckham, *The climax af prophecy*.

não são representações atemporais, mas dizem respeito ao mundo "real", também precisamos evitar o erro oposto de tomá-las de forma muito literal, como descritivas do mundo "concreto" e dos eventos nele previstos. Não se trata apenas de um sistema de códigos à espera de tradução segundo referências sólidas a pessoas e eventos. Uma vez que começamos a apreciar suas fontes e ligações simbólicas abundantes, observamos que não podem ser lidas como descrições literais ou codificadas, mas, sim, por seu significado teológico e seu poder de evocar respostas.

Preste atenção, por exemplo, às descrições das pragas das sete trombetas (8:6—9:21) e das sete taças (16:1,21), que formam um padrão literário muito bem elaborado que, por si só, transmite significado. Seu conteúdo sugere, entre outros, as pragas do Egito que acompanharam o Êxodo, a queda de Jericó pelas mãos do exército de Josué, o exército de gafanhotos descrito na profecia de Joel, a teofania do Sinai, o medo contemporâneo de invasão pela cavalaria de Parta, os terremotos que, com tanta frequência, afetaram as cidades da Ásia Menor e, muito provavelmente, a erupção do Vesúvio que, pouco tempo antes, assustara o mundo mediterrâneo.[17] João tomou alguns dos piores medos e experiências de seus companheiros de guerra e desastres naturais, e os levou a proporções apocalípticas, moldando-os em termos biblicamente alusivos. O objetivo não é prever uma sequência de acontecimentos, mas, sim, evocar e explorar o significado do julgamento divino que está próximo em um mundo cheio de pecados.

A última das sete taças resulta na queda da Babilônia, em um terremoto de proporções nunca vistas (16:17-21). Se tomarmos isso literalmente como um prenúncio, logo descobriremos que é contraditado por imagens posteriores da queda da Babilônia.

[17]Para essas alusões, veja (tb. os comentários) J. M. Court, *Myth and history in the Book of Revelation* (London: SPCK, 1979), cap. 3; R. Bauckham, "The eschatological earthquake in the Apocalypse of John", *Novum Testamentum* 19 (1977): 224-33, que se torna o cap. 7 ("The eschatological earthquake") de Bauckham, *The climax of prophecy*.

Em 17:16, agora retratada como uma prostituta, Babilônia é despida, devorada e queimada pela besta e pelos dez reis. Aqui, a punição tradicional de uma meretriz é sobreposta à imagem de uma cidade saqueada e dizimada por um exército. O capítulo 18 amplia o retrato de uma cidade sitiada e totalmente destruída pelo fogo (veja espec. 18:8: "pragas [...] fome [...] e o fogo a consumirá"), mas também lemos que o local se torna o refúgio das criaturas do deserto (18:2) e que a fumaça de sua queima continua subindo eternamente (19:3). De forma literal, essas imagens são bem incongruentes entre si, porém, no nível do significado teológico, transmitido pelas alusões ao AT e ao mito contemporâneo, oferecem pontos de vista complementares do significado da queda da Babilônia. O terremoto de 16:17-21 é o que acompanha a teofania do Deus santo chegando para o juízo final. O saque da Babilônia pela besta e por seus aliados remete ao mito do retorno de Nero com o objetivo de destruir Roma. É uma representação da natureza autodestrutiva do mal, que, no campo do significado teológico, condiz com a ideia da destruição do mal pelo julgamento divino, apresentando-o sob outro aspecto. No capítulo 18, o fogo de 17:16 torna-se a fogueira do juízo de Deus — cujo exemplo paradigmático no AT é a destruição de Sodoma e Gomorra. Como uma Sodoma apocalíptica imersa no lago eterno de fogo e enxofre, a fumaça da Babilônia sobe para todo o sempre (cf. Gênesis 19:28; Apocalipse 14:10,11; 19:20). A desolação da Babilônia como um refúgio de criaturas do deserto evoca imagens proféticas do AT do destino de Edom e da Babilônia, os dois maiores adversários do povo de Deus em grande parte das profecias do AT. Tudo isso — além de muitos outros elementos encontrados nesses capítulos — compõe uma evocação maravilhosamente variada, mas coerente com o significado bíblico e teológico do julgamento divino que a profecia de João anuncia no que se refere a Roma. Entretanto, se tentarmos lê-la como uma previsão de como esse juízo será realizado, vamos transformá-la em uma desordem confusa e perderemos de vista o aspecto central.

Talvez o suficiente já tenha sido dito para mostrar que as imagens de Apocalipse exigem um estudo cuidadoso e preciso, caso os leitores modernos desejem compreender boa parte de seu significado teológico. Os mal-entendidos quanto à natureza das representações e o fato de o livro estar tão carregado de significados são os fatores responsáveis pelas muitas interpretações equivocadas até mesmo por estudiosos modernos cautelosos e eruditos. Nesta obra, precisamos destacar principalmente a maneira de João desenvolver o uso literário de figuras em uma forma distinta de pensamento teológico e comunicação. Embora o Apocalipse não contenha discursos ou argumentos bíblicos do tipo com que os leitores do NT estão familiarizados — por exemplo, nas epístolas paulinas —, deve ser considerado como um produto de reflexão profunda. Suas imagens não são de modo algum um meio de expressão mais vago ou impressionista do que o argumento conceitual relativamente mais abstrato de uma carta paulina. São capazes tanto de uma precisão impressionante de significado quanto de comprimir a riqueza de sentidos em um espaço breve, trazendo à tona diversas associações. O método e a conceitualidade da teologia de Apocalipse são relativamente diferentes do restante do NT, mas, uma vez apreciados em seus próprios termos, o Apocalipse pode ser considerado não só uma das melhores peças literárias do NT, mas também um dos maiores feitos teológicos do cristianismo primitivo. Além disso, a grandeza literária e a grandeza teológica são inseparáveis.

CAPÍTULO • DOIS

AQUELE *que* É, *que* ERA *e que* HÁ DE VIR

A teologia de Apocalipse é profundamente teocêntrica. Junto de sua doutrina marcante de Deus, forma sua maior contribuição à teologia do NT. Nosso estudo começará com Deus e, ao mesmo tempo, voltará constante e finalmente a ele.

A DIVINA TRINDADE

Praticamente desde o começo de sua obra, João apresenta o divino em termos tríplices:

> A vocês, graça e paz da parte daquele que é, que era e que há de vir, dos sete espíritos que estão diante do seu trono, e de Jesus Cristo, que é a testemunha fiel, o primogênito dentre os mortos e o soberano dos reis da terra (1:4b,5a).

Essas palavras são uma parte formal do modelo de abertura da carta que é usado nos versículos 4 e 5. Seguindo a declaração do escritor e dos destinatários, as cartas antigas faziam uma "saudação" que, nas versões judaicas, assumia a forma de desejar bênçãos de Deus aos leitores. A prática cristã primitiva conferia um caráter especificamente cristão a essa versão, identificando a fonte divina de bênçãos como Deus e Jesus Cristo. A forma padrão nas cartas paulinas é: "A vocês, graça e paz da parte de Deus, nosso Pai, e do Senhor

Jesus Cristo" (p. ex., Romanos 1:7; 1Coríntios 1:3; 2Coríntios 1:2; Gálatas 1:3; Efésios 1:2). Esse formato tem grande significado teológico, situando Jesus Cristo com Deus no lado divino da distinção entre o Doador de bênçãos e os seres humanos receptores. Mostra quão naturalmente os primeiros cristãos incluíram implicitamente Cristo no divino, já que ele era a fonte da salvação que vem de Deus para os humanos, embora não tivessem como explicar, em termos ontológicos, essa relação entre o Pai e o Filho.

Entre as primeiras aberturas de cartas cristãs, a de João é a única a atribuir à forma padrão de saudação um caráter "trinitário". Existem fórmulas "trinas" em outras partes da literatura cristã antiga, até em introduções de cartas (p. ex., em 1Pedro 1:2), mas a construção da saudação joanina é singular. É muito provável que seja sua adaptação pessoal da estrutura geralmente utilizada: "A vocês, graça e paz da parte de Deus, nosso Pai, e do Senhor Jesus Cristo". Isso se apoia no fato de que ele também adapta os elementos originais, substituindo-os por "Deus, nosso Pai" e "o Senhor Jesus Cristo", designações de Deus e Jesus que são totalmente diferentes de seu próprio uso em outras passagens de Apocalipse. Como muitos outros detalhes no livro confirmarão, tudo isso sugere que João refletiu, de forma criativa, sobre a compreensão cristã do divino. Longe de assumir irrefletidamente as maneiras cristãs convencionais de falar de Deus, Cristo e do Espírito, ele criou suas próprias formas exclusivas de linguagem para se referir ao Senhor, evidentemente não *de novo*, mas por meio do uso inovador dos recursos das tradições judaica e judaico-cristã. Seu livro é o produto de uma consciência profundamente reflexiva em Deus. Qualquer relato de sua teologia deve priorizar — como, de fato, prioriza — seus modos únicos de falar do divino.

A variação original de João da saudação em 1:4b,5a sugere que sua concepção divina é conscientemente "trinitária". Coloquei a palavra entre aspas somente para nos alertar de que, obviamente, não podemos atribuir a João o conceito particular da doutrina patrística da Trindade, que se tornou a regra da tradição cristã posterior. Como veremos nos próximos dois capítulos, o interesse teológico que concede à compreensão de João do divino um caráter trino é fundamentalmente o mesmo que levou ao desenvolvimento patrístico da doutrina trinitária: incluir Jesus, assim como o Espírito, na fé monoteísta judaica em Deus. Contudo, precisamos analisar sua resposta a essa preocupação em seu próprio contexto. É claro que dificilmente é possível explicar e analisar a compreensão que João tem de Deus sem usar uma linguagem que ele próprio não usa. Falei de sua concepção "trinitária" do "divino", e não "de Deus", pois ele mesmo, assim como a maioria dos primeiros escritores cristãos, restringe a palavra "Deus" ao Pai de Jesus Cristo, aquele a quem, aqui, ele chama de "aquele que é, que era e que há de vir". Todavia, provavelmente "o divino" não é mais satisfatório. João não conta com um vocabulário equivalente à conversa trinitária posterior da natureza divina, que é compartilhada por três pessoas. Porém, é impossível fazermos justiça ao que ele diz sem remetermos, de alguma forma, a uma realidade em que Jesus Cristo e o Espírito Santo (aqui simbolizado pelos "sete Espíritos")[1] estejam incluídos.

A importância que João dá a uma visão "trinitária" em 1:4b,5a pode justificar nosso uso de uma estrutura trina para a maior parte de nosso relato da teologia de Apocalipse (em nossos caps. 2-5). Nenhuma construção desse tipo poderia ser completamente satisfatória; essa ao menos corresponde a uma das principais características da teologia do Apocalipse. No entanto, com o intuito de facilitar a explicação, obedeceremos à seguinte ordem: Deus, Cristo e Espírito (e não a de 1:4b,5).

O ALFA E O ÔMEGA

O prólogo de Apocalipse é concluído com uma autodeclaração:

> "Eu sou o Alfa e o Ômega", diz o Senhor Deus, "o que é, o que era e o que há de vir, o Todo-poderoso" (1:8).

[1]Veja cap. 5.

Esse versículo estrategicamente inserido incorpora três das quatro designações mais importantes para Deus em Apocalipse: "o Alfa e o Ômega", "o Senhor Deus Todo-poderoso" e "aquele que é, o que era e o que há de vir". Ele não se destaca apenas por sua posição imediatamente precedente ao começo do relato de João de sua visão (1:9—22:6), mas também por ser um dos dois únicos momentos em Apocalipse em que o próprio Deus fala. A segunda ocasião (21:5-8) inclui uma autodeclaração divina semelhante: "Eu sou o Alfa e o Ômega, o Princípio e o Fim" (21:6).

Entretanto, ambas as declarações correspondem a duas autodeclarações de Jesus Cristo. O padrão é o seguinte:

Deus	Eu sou o Alfa e o Ômega (1:8).
Cristo	Eu sou o primeiro e o último (1:17).
Deus	Eu sou o Alfa e o Ômega, o Princípio e o Fim (21:6).
Cristo	Eu sou o Alfa e o Ômega, o Primeiro e o Último, o Princípio e o Fim (22:13).

Deixamos para o próximo capítulo a análise acerca do significado completo desse padrão e o fato impressionante de que a única denominação do Senhor que aparece em Apocalipse como autodenominação de Deus também surge como uma autodenominação de Cristo. Aqui, vamos nos limitar à nomenclatura aplicada a Deus. Contudo, a comparação das quatro passagens mostra que as três expressões — o Alfa e o Ômega, o primeiro e o último, o começo e o fim — são muito provavelmente consideradas equivalentes. Como Alfa e Ômega são a primeira e a última letra do alfabeto grego, não é difícil ver que essa expressão tem o seguinte significado: "o primeiro e o último" e "o começo e o fim". O padrão também mostra que, se as três expressões são consideradas equivalentes, Apocalipse contém sete ocorrências delas como autodeclarações de Deus e Cristo (sem contar a ocorrência adicional de "o Primeiro e o Último" em 2:8, que ecoa em 1:17). Não é provável que o número seja involuntário, pois, como veremos, dois dos outros três títulos mais importantes para Deus em Apocalipse também aparecem sete vezes. Os padrões numéricos têm significado teológico nesse livro. Sete é o número da plenitude. Assim como as sete bem-aventuranças espalhadas ao longo do livro (1:3; 14:13; 16:15; 19:9; 20:6; 22:7; 14) indicam a perfeição da bênção a ser concedida ao leitor (ou ouvinte) que obedece fielmente à mensagem de Apocalipse, a ocorrência sétupla de um título importante indica a integridade do ser divino para quem esse título aponta. Portanto, o significado teológico está inscrito nos detalhes da cuidadosa composição literária de João.

No modelo "o primeiro e o último", a denominação deriva de Isaías, livro em que, tal qual em Apocalipse, aparece como uma autodenominação divina: "Eu sou o primeiro e eu sou o último; além de mim, não há Deus" (44:6); "Eu sou sempre o mesmo; eu sou o primeiro e eu sou o último" (48:12; veja tb. 41:4). Nesses capítulos de Isaías (agora conhecido como Dêutero-Isaías), a expressão encapsula o entendimento do Deus de Israel como o único Criador de todas as coisas e Senhor soberano da história, que Dêutero-Isaías apresenta tão magnificamente e defende, de forma polêmica, contra os ídolos da Babilônia. Diferente dos deuses criados pelo homem, esse Deus é totalmente incomparável, aquele a quem todas as nações estão sujeitas, cujos propósitos ninguém pode frustrar (cf. Isaías 40:12-26). É precisamente essa fé monoteísta exclusiva que determina o panorama profético de Apocalipse. Daí a importância única da atribuição "o Alfa e o Ômega". Como seu Criador, Deus precede todas as coisas, e trará cada uma delas ao cumprimento escatológico. Ele é a origem e o objetivo maior de toda a história. Tem a primeira palavra na criação e a última palavra na nova criação. Dessa maneira, dentro da estrutura literária joanina, ele fala duas vezes, declarando-se primeiro "o Alfa e o Omega", antes do início da visão de João (1:8) e, por fim, ao determinar a concretização escatológica de seu propósito para toda a sua criação: "Está feito!" (21:6).

O modelo "o começo e o fim" havia sido usado na tradição filosófica grega para fazer referência à eternidade do Deus supremo e foi assumido por alguns escritores judeus, como, por exemplo, Josefo, que chama Deus de "o princípio e o fim de todas as coisas" (*Ant.* 8.280; veja Filo, *Plant.* 93). O fato de João dar prioridade à expressão "o Alfa e o Ômega", em detrimento de suas duas equivalentes, talvez se explique por ele conectar o primeiro com o nome divino. O nome bíblico de Deus — YHWH — às vezes era vocalizado como *Yāhôh* e então transliterado para o grego (que não tem a consoante "h") como ιαω (iota, alfa, ômega).[2] No contexto da especulação teológica judaica sobre o nome divino, o surgimento das primeiras e últimas letras do alfabeto grego nessa variante grega do nome poderia sugerir que o nome em si contém a implicação de que Deus é o primeiro e o último. É mais provável que exista uma ligação com o título divino porque a próxima designação que analisaremos, que também aparece em 1:8, decerto pretende ser uma interpretação do significado do nome.

AQUELE QUE É, QUE ERA E QUE HÁ DE VIR

Essa designação de Deus aparece, com variações, cinco vezes:

1:4	aquele que é, que era e que há de vir.
1:8	o que é, o que era e o que há de vir.
4:8	aquele que era, que é e que há de vir.
11:17	que és e que eras.
16:5	que és e que eras.

Mais uma vez, observa-se aqui um padrão numérico que, provavelmente, é intencional: a estrutura composta por três tempos verbais é usada três vezes, e o modelo com dois tempos, duas vezes.

Esse título é uma interpretação do nome divino YHWH. No próprio AT, a única versão do nome é encontrada em

[2]P. ex., o texto mágico de Hadrumetum, citado em E. Schurer, *The history of the Jewish people in the age of Jesus Christ*, ed. rev. G. Vermes; F. Millar; M. Goodman (Edinburgh: T. & T. Clark, 1986), vol. III: 1, p. 358.

Êxodo 3:14, que o associa ao verbo "ser" e o analisa primeiro pela frase enigmática "Eu sou quem sou" (ou: "Eu serei quem serei": *'ehyeh 'ᵃser 'ehyeh*) e, então, simplesmente como "Eu sou" (*'ehyeh*). A interpretação judaica posterior entendeu essas variações como declarações da eternidade de Deus. Assim, Filo (*Mos.* 1.75) compreende o nome divino como "aquele que é" (*hoōn*), que expressa a eternidade de forma filosófica helenística, como um ser atemporal. Por outro lado, o significado pode ser explicado da perspectiva da existência passada, presente e futura. Foi assim que o *Targum palestino* (Pseudo-Jonathan) parafraseou o nome divino: "Eu Sou o que Sou" (Êxodo 3:14) ou "Eu sou quem é e quem era e quem será" (Deuteronômio 32:29; veja tb. *Oráculo sibilino* 3:16). As fórmulas que defendem a existência em três tempos verbais também eram adotadas para os deuses gregos ou o Deus supremo da filosofia,[3] e essa utilização pode muito bem haver influenciado a interpretação judaica do nome divino. Todavia, deve ser desse último que Apocalipse depende diretamente.

Com base no modelo adotado em 1:4,8 (*ho ōn kai ho ēn kai ho erchomenos*), João concorda com o Targum em priorizar a existência presente de Deus, mas se afasta profundamente em todos os outros casos, judaicos ou gregos, dessa fórmula tripla em que o terceiro termo não é o futuro do verbo "ser", mas o presente de "vir" ("aquele que vem"). Vale lembrar que, assim como na língua inglesa, isso pode ter um sentido de "futuro". Assim, por exemplo, "a era vindoura" ou "a era por vir" (*ho aiōn ho erchomenos*) referem-se à "era futura". Porém, João aproveitou a situação e apresentou o futuro de Deus não como sua mera existência posterior, mas como sua vinda ao mundo em salvação e julgamento. Não há dúvida de que ele tem em mente muitas passagens proféticas do AT que anunciam que Deus "virá" com o intuito de salvar e julgar (como em Salmos 96:13; 98:9; Isaías 40:10; 66:15;

[3] *TDNT* 2.399; D. E. Aune, *Prophecy in early Christianity and the ancient Mediterranean world* (Grand Rapids: Eerdmans, 1983), p. 280-1.

Zacarias 14:5), e que os primeiros cristãos entendiam sua vinda escatológica para cumprir seu propósito final para o mundo, como a parúsia de Jesus Cristo.

Essa interpretação é confirmada pelo emprego, em 11:17 e 16:5, da forma abreviada da designação: Tu "que és e que eras". De acordo com esse ponto de vista, a vinda escatológica de Deus está se concretizando. Não se trata mais do futuro, visto que os hinos que usam essa denominação louvam ao Senhor pela ocorrência desse cumprimento de seu propósito. Isso pode ser visto claramente em 11:17: "Graças te damos, Senhor Deus Todo-poderoso, que és e que eras, porque assumiste teu grande poder e começaste a reinar". A conquista do governo escatológico de Deus sobre o mundo é a sua chegada. Necessariamente, o elemento futuro na designação divina é substituído pela gratidão pelo início de sua ação.

Desse modo, João não interpreta o nome divino como uma indicação da eternidade do Senhor em si mesmo, independentemente do universo, mas de sua eternidade em relação ao mundo. Esse é o Deus bíblico que escolhe, como seu próprio futuro, a vinda à sua criação, e essa criação encontrará nele seu futuro (veja 21:3). Além disso, essa interpretação do título divino está em continuidade significativa com o sentido de Êxodo 3:14, que, muito provavelmente, faz referência não à autoexistência de Deus em si mesmo, mas ao seu compromisso de ser quem ele será em sua história com o seu povo. João desenvolveu, em relação ao seu povo, a fé israelita primitiva no ser histórico do Senhor, a fé escatológica e final no cumprimento de todas as coisas em seu futuro eterno.

O SENHOR DEUS, O TODO-PODEROSO

Esse título aparece sete vezes em Apocalipse (1:8; 4:8; 11:17; 15:3; 16:7; 19:6; 21:22), quatro delas em associação próxima (1:8; 4:8; 11:17) ou guardando alguma semelhança (16:5-7) com a designação que acabamos de abordar. Uma forma mais curta, "Deus, o Todo-poderoso", é usada duas vezes (16:14; 19:15), mantendo o número de ocorrências da expressão completa em não mais do que o número simbólico sete.

Esse título também está ligado ao nome divino, já que é uma tradução padrão do modelo mais extenso desse nome: *Yhwh 'elōhē (haṣ) ṣᵉbā'ōt* ("o Senhor, o Deus dos exércitos"; p. ex., 2Samuel 5:10; Jeremias 5:14; Oseias 12:5; Amós 3:13; 4:13). João também o usa (como a comparação entre Apocalipse 4:8 e Isaías 6:3 mostrará) como equivalente à forma mais curta *Yhwh ṣᵉbā'ōt* (o Senhor dos exércitos), que é muito comum entre os profetas do AT, pois indica o poder incomparável de Iavé sobre todas as coisas e, portanto, sua supremacia em relação ao curso dos eventos históricos. Seu uso em Apocalipse mostra o desejo de João de continuar na fé profética em Deus. O *pantokratōr* grego ("Todo-poderoso") indica não tanto a onipotência abstrata do Senhor, mas seu controle real em relação a tudo. Esse é o último dos quatro títulos mais importantes de Deus em Apocalipse. Nessa estrutura específica, aparece sete vezes (4:9; 5:1,7,13; 6:16; 7:15; 21:5), embora algumas variações também sejam utilizadas (4:2,3; 7:10; 19:4; veja 20:11). Ademais, o trono no qual Deus está sentado no céu é citado com muita frequência. Trata-se de um dos símbolos principais do livro, o que indica quão decisiva para a perspectiva teológica de Apocalipse é a fé na soberania do Senhor acima de todas as coisas.

O significado da imagem do trono tem origem especialmente na visão da sala divina do trono no capítulo 4. Após a visão do Cristo ressurreto com seu povo na terra (1:9—3:22), João é levado ao céu (4:1). Isso confere a toda a profecia dois pontos de partida: a condição das sete igrejas, como percebidas e abordadas nas mensagens de Cristo a elas, e a visão da soberania de Deus no plano celeste. É o segundo que torna possível a João ampliar a concepção de seus leitores, no que se refere à sua própria situação, colocando-a no contexto mais abrangente do propósito universal do Senhor de acabar com toda a oposição ao seu governo e estabelecer seu reino no mundo. No capítulo 4, a autoridade de Deus é considerada já totalmente reconhecida no alto. Isso a estabelece como a verdadeira realidade que, ao final, também prevalecerá na terra. Ali, os poderes do mal desafiam o papel divino e até mesmo se disfarçam como o poder supremo sobre todas as coisas, reivindicando a divindade. Entretanto, o céu é a esfera da realidade máxima, ou seja, o que é verdadeiro no céu, se tornará verdadeiro também na terra. Assim, João é levado ao céu para ver que o trono de Deus é a maior realidade por trás de todas as aparências terrestres. Ao ver a soberania divina no céu, ele, então, pode ver como ela será reconhecida na terra.

As visões do trono divino remetem à tradição profética do AT (veja 1Reis 22:19-23) e foram uma característica marcante de muitos apocalipses judaicos.[4] João escreve com base nessa tradição e, principalmente, segundo seu ponto de vista, como a maioria dos apocalipses, baseia-se nas duas grandes visões proféticas do trono celestial, em Isaías 6 e Ezequiel 1. Da mesma forma que os apocaliptistas judeus, João localiza o trono no céu, onde os seres celestes estão empenhados em adoração contínua ao seu redor. Não existe nada no capítulo 4 que não pudesse ter sido escrito por um visionário judeu não cristão. Somente na continuação da visão no capítulo 5, que introduz o Cordeiro, Jesus Cristo, como aquele que estabelecerá o governo de Deus na terra, e que analisaremos em nossa próxima seção, é que o caráter especificamente *cristão* judaico da teologia de Apocalipse torna-se claro. Contudo, sabe-se que a ausência de características marcadamente cristãs no capítulo 4 não diminui seu valor fundamental para a teologia do Apocalipse. Nele, assim como em outras passagens do NT, a fé cristã no Senhor pressupõe o monoteísmo judaico. Ele retoma os principais aspectos da compreensão de Deus no AT e na tradição judaica posterior, sem as quais ele seria ininteligível, em um desenvolvimento teológico diferente determinado pela cristologia. O desenvolvimento cristológico será nosso objeto de estudo no próximo capítulo. Aqui, estamos preocupados com as expressões indispensáveis do monoteísmo judaico em Apocalipse.

[4]Veja Daniel 7:9,10; *1Enoque* 14; 60:1-6; 71; *2Enoque* 20—21; *Ap. Abr.* 15—18.

Assim como a maior parte das visões apocalípticas do trono do Senhor, a de João não se refere à forma visível daquele que está sentado no trono. Tudo o que é dito da aparência de Deus é que se assemelha a pedras preciosas (4:3): essa era uma das maneiras tradicionais de evocar o esplendor de uma figura celeste. A transcendência irreconhecível do Senhor é protegida pelo enfoque no trono em si e no que acontece ao seu redor. É nessas características da visão que percebemos o que pode ser conhecido de Deus — e o que fica mais evidente é a adoração constante pelos quatro seres viventes e os vinte e quatro anciãos. Trata-se de uma cena de louvor para a qual o leitor que compartilha a fé joanina no Senhor sente-se, quase inevitavelmente, atraído. Portanto, somos lembrados de que o verdadeiro conhecimento de quem Deus é não pode ser separado da adoração a ele. O cântico dos quatro seres viventes e o hino dos vinte e quatro anciãos expressam as duas formas mais primárias de consciência de Deus: a percepção reverente de sua santidade numinosa (4:8; veja Isaías 6:3), e a consciência de total dependência do Senhor para a própria existência, que é a natureza de todas as coisas criadas (4:11). Esses exemplos mais simples da percepção de Deus não exigem apenas expressão na adoração; não podem ser verdadeiramente experimentados, exceto como louvor.

A visão combina imagens políticas e de adoração. As figuras referentes ao culto são importantes porque a sala do trono é o santuário celestial (posteriormente isso se torna mais evidente: 11:19; 15:5-8), protótipo do templo terrestre. Os seres viventes (que combinam elementos dos serafins de Isaías [6:2] e dos querubins de Ezequiel [1:5-14]) são os modelos celestes dos dois querubins que ficavam no topo da arca da aliança no Santo dos Santos, no templo terrestre (Êxodo 25:18-22). Eles são criaturas do céu cuja existência é completamente cumprida na adoração a Deus. Seu culto incessante no coração de toda a realidade, em volta do trono divino, representa a natureza teocêntrica de toda a verdade que existe principalmente para glorificar a Deus. Eles são, portanto, os adoradores centrais cujo culto é assumido por círculos mais amplos. Esses círculos se expandem — ao longo dos capítulos 4 e 5 — para incluir todas as criaturas do cosmos inteiro (5:13). Nesse louvor a Deus e ao Cordeiro por toda a criação (5:13), o objetivo escatológico do propósito do Senhor para sua criação já foi previsto. Dessa forma, os seres viventes que continuamente expressam o culto da criação com essa intenção em vista, oferecem seu próprio "amém" quando tal objetivo é alcançado (5:14).

Vale ressaltar quanto essa visão de adoração está longe de ser antropocêntrica. A humanidade está radicalmente distante do centro das coisas, lugar em que os seres humanos tendem a se colocar naturalmente. Em sua essência e em seu objetivo escatológico, a criação é teocêntrica, orientada pelo culto ao seu Criador. Todavia, mesmo entre os adoradores, os indivíduos não são preeminentes. Os quatro seres viventes que lideram a adoração de toda a criação não são retratados como antropomórficos, como os seres angelicais costumam ser. Somente o terceiro tem a face semelhante a um rosto humano. Os outros assemelham-se a um leão, um boi e uma águia, respectivamente, e, com suas seis asas e muitos olhos, todos carregam uma superioridade celeste sobre todas as criaturas terrenas (4:6-8). Sua função representativa é adorar em nome de todos os seres vivos e, desse modo, isso se cumpre quando o círculo de adoração se expande para incluir não só os humanos, mas também "todas as criaturas existentes no céu, na terra, debaixo da terra e no mar" (5:13).

Assim como existem as imagens de culto, há também as políticas. A sala do trono é o lugar no qual Deus exerce seu domínio no mundo. Os vinte e quatro "anciãos" — um termo político, e não religioso — são os seres angelicais que compõem o conselho divino (veja Isaías 24:23; Daniel 7:9; *2Enoque* 4:1; *T. Levi* 3:8). Como seus tronos e coroas indicam (4:4), eles são líderes, governando o mundo celestial em nome de Deus. Eles também adoram, e o fazem, de forma significativa, por um ato de reverência, descendo de seus assentos, tirando suas coroas e lançando-as diante do trono divino (4:10). Dessa maneira, reconhecem que, como seres criados (4:11), sua autoridade é totalmente derivada de Deus. Só ele pode ser adorado como a origem de todo poder e de toda autoridade.

A combinação de imagens cultuais e políticas para retratar Deus como a fonte e o propósito reconhecidos de todas as coisas já era tradicional nas visões apocalípticas do Senhor, mas também corresponde ao contexto político-religioso de Apocalipse. Como a maioria dos poderes políticos no mundo antigo, o Império Romano representava e difundia seu poder em termos religiosos. Sua religião oficial, caracterizada pela adoração, tanto aos imperadores deificados, quanto aos deuses tradicionais romanos, expressava lealdade política por meio do culto religioso. Dessa forma, ao absolutizar seu poder, reivindicou para si a soberania máxima e divina sobre o mundo. O Império Romano realmente contestou na terra a autoridade divina que João vê reconhecida no céu, no capítulo 4. Portanto, a vinda do reino de Deus à terra deve ser a substituição da suposta soberania de Roma pela verdadeira soberania divina, daquele que ocupa o trono celestial. Esse conflito de autoridades costuma ser retratado no restante do livro de Apocalipse, por meio de referências à adoração. A usurpação do governo por Roma é indicada pela idolatria universal à besta (p. ex., em 13:4,8,12), enquanto a vinda do reino de Deus é mostrada pelo culto universal a Deus (15:4; veja 19:5,6). No conflito de autoridades, as linhas são traçadas entre aqueles que adoram a besta e os que adoram ao Senhor. Cada fase da vitória divina — ao longo dos capítulos 7—19 — é acompanhada pelo louvor no céu. A questão da adoração verdadeira e da adoração falsa é essencial à visão profética de João no que diz respeito às estruturas de poder no universo em que seus leitores viviam. No final das contas, o livro aborda a incompatibilidade entre o culto monoteísta exclusivo retratado no capítulo 4 e todos os tipos de idolatria: política, social e econômica, das quais a religiosa é inseparável.

A CRÍTICA DO PODER ROMANO

Mostramos como a visão de Deus, no capítulo 4, está correlacionada ao panorama religioso-político no qual João se debruça em Apocalipse. Neste ponto, é útil interromper nossa análise do capítulo 4 para, de forma breve, esboçar esse contexto como Apocalipse o retrata. A teologia de Apocalipse é profundamente contextual. A questão de quem é Deus, abordada na visão do capítulo 4, estava intimamente ligada ao mundo no qual os leitores de João viviam. Isso não quer dizer que o contexto determina a compreensão de Deus, porque também seria possível afirmar que é a compreensão de Deus que determina como João, na condição de profeta, percebe o contexto. Porém, precisamos entender a correlação entre o entendimento de Deus em Apocalipse e sua crítica ao poder romano se tivermos a intenção de nos apropriar de ambos.

Nosso ponto é: como João, com sua percepção profética, enxerga o Império Romano. O livro de Apocalipse em si não permite um olhar neutro: ou se compartilha a ideologia de Roma, a visão do império promovida pela propaganda romana, ou se adota a perspectiva do céu, que desmascara as pretensões de Roma. O livro retrata esse império como um sistema de dominação agressiva, fundado a partir da conquista, mantido pela violência e pela opressão. Trata-se de uma estrutura tanto de tirania política quanto de exploração econômica. Os dois maiores símbolos romanos, que representam diferentes aspectos do império, são o monstro marinho ("a besta", espec. nos caps. 13 e 17) e a prostituta da Babilônia (espec. nos caps. 17 e 18). A besta representa o poderio militar e político dos imperadores. Babilônia é a cidade de Roma, no auge de sua prosperidade, resultante da exploração econômica do império. Assim, a crítica do capítulo 13 é principalmente política, enquanto a dos capítulos 17 e 18 é basicamente econômica, mas, em ambos os casos, também é intensamente religiosa. O monstro e a meretriz estão intimamente relacionados. A prostituta monta na besta (17:3), pois a riqueza de Roma à custa do império e sua influência corrupta dependem do poder alcançado e mantido pelos exércitos imperiais.

Embora o império seja um sistema de tirania e exploração, João está totalmente ciente de que não houve resistência ou oposição por parte da maioria de seus súditos. Por exemplo, nas grandes cidades da província da Ásia, que ele conhecia bem, muitos se entusiasmaram com o domínio romano. Isso aconteceu, em parte, pelo fato de alguns provincianos se beneficiarem pessoalmente com o império. Na terminologia de Apocalipse, esses eram especificamente "os reis da terra", ou seja, as classes dominantes locais que Roma havia escolhido para participar de seu governo e cuja própria posição privilegiada na sociedade se fortalecia, e "os negociantes da terra", que lucraram com a prosperidade econômica de Roma. No entanto, de maneira geral, os súditos romanos foram persuadidos a aceitar e a acolher seu domínio pela ideologia do império, que João retrata claramente em dois aspectos diferentes que correspondem ao monstro marinho e à meretriz. Falando em primeiro lugar do último caso, ainda que a prostituta viva bem à custa de seus clientes, também lhes oferece algo em troca (17:4): os supostos benefícios do governo. Não há dúvida de que essa é a ideologia da *pax romana*,[5] fervorosamente promovida ao longo do primeiro século, segundo a qual o presente da capital italiana ao mundo haviam sido a paz e a segurança proporcionadas dentro dos limites de seu império e, portanto, suas condições de riqueza. Roma, a cidade eterna — como ela própria se autoproclama —, oferecia segurança a seus habitantes, e seu próprio luxo espetacular parecia uma prosperidade que seus súditos poderiam desfrutar. Entretanto, Apocalipse retrata essa ideologia como uma ilusão enganosa. É o vinho que a meretriz usa para embriagar as nações, oferecido na taça feita de ouro e que contém coisas repugnantes e impuras (17:2,4). Um dos propósitos da profecia de João é expor o falso apelo da ideologia.[6]

Outro aspecto ideológico retratado no capítulo 13 é o culto ao poder. Em 13:3,4, a besta recebe um ferimento mortal em uma de suas sete cabeças, mas a ferida é curada, causando surpresa às pessoas do mundo: "Adoraram o dragão, que tinha dado autoridade à

[5]Veja K. Wengst, Pax romana *and the peace of Jesus Christ* (London: SCM, 1987), parte 1.

[6]Sobre esse parágrafo, veja R. Bauckham, "The economic critique of Rome in Revelation 18", in: L. Alexander, org., *Images of Empire*, JSOTSS 122 (Sheffield: JSOT, 1991), p. 47-90, que se torna o cap. 10 de Bauckham, *The climax of prophecy*.

besta, e também adoraram a besta, dizendo: 'Quem é como a besta? Quem pode guerrear contra ela?'". A cabeça ferida do monstro marinho é o imperador Nero, que cometera suicídio com uma espada (veja 13:14).[7] Esse ferimento na cabeça foi também na besta como um todo (o poder imperial) e é ela que se recupera. Aqui, faz-se uma alusão aos eventos imediatamente anteriores e posteriores à morte de Nero, momentos em que parecia provável que o império se desintegrasse. Para muitos de seus súditos, a tirania de Nero era óbvia e odiada: em seu caso, a verdadeira natureza da criatura monstruosa tornara-se mais nítida do que o normal. Perto do final de seu reinado, algumas revoltas sérias irromperam nas províncias. Sua morte foi seguida pelo caótico "ano dos quatro imperadores". Contudo, o poder imperial se recuperou com a Dinastia Flaviana. À beira do colapso, ressurgiu como aparentemente invencível, de modo que, conforme a visão, o mundo inteiro clamou: "Quem é como a besta? Quem pode guerrear contra ela?". As palavras são uma paródia da celebração do poder divino no Cântico de Moisés (Êxodo 15:11: "Quem entre os deuses é semelhante a ti, Senhor?") e apontam para a absolutização do poderio político e militar que foi expresso no culto a Roma e aos seus imperadores.

No capítulo 13, João reconhece as duas faces da idolatria imperial. De um lado, a besta blasfema, atribuindo a si mesma nomes divinos e reivindicando divindade (13:1,5). Em outras palavras, tenta tornar-se absoluta ao exigir a lealdade religiosa que é devida apenas ao poder máximo de Deus. Todavia, João também esclarece que o culto imperial não foi imposto a súditos indispostos. Foi, sim, a resposta espontânea dos habitantes de Roma ao seu poder aparentemente invencível (13:3,4). Em outras passagens de Apocalipse, a segunda besta, ou monstro terrestre (13:11), é chamada de falso profeta (16:13; 19:20), que promove o culto imperial ao criar a imagem dessa criatura, atribuir-lhe características divinas

[7]Veja cap. 11 ("Nero and the beast") em Bauckham, *The climax of prophecy.*

e impor sua adoração, provavelmente representando o sacerdócio imperial nas cidades da província da Ásia. Nessas cidades, o culto teve origem na iniciativa de seus próprios habitantes. Porém, do ponto de vista profético de João, era uma idolatria perigosa, uma vez que endeusava os poderes político e militar. As imagens de 13:16,17, restringindo todas as transações econômicas àqueles que são certificados como adoradores da besta, certamente são exageradas na prática, com o propósito de enfatizar a direção totalitária que a lógica da absolutização do poder na religião política assume.

Portanto, é um erro grave deduzir que Apocalipse se opõe ao Império Romano meramente por causa de sua perseguição aos cristãos. Na verdade, o livro apresenta uma crítica profética completa do sistema de poder romano. É uma análise que torna esse livro o elemento mais poderoso da literatura de resistência política no período inicial do império. Não é só porque Roma persegue os cristãos que eles precisam opor-se a ela; antes, é porque os cristãos querem afastar-se do mal do sistema romano que provavelmente sofrerão perseguição. Na verdade, a perseguição generalizada à igreja que João prevê ainda não havia começado quando ele escreveu. Embora tenha havido martírios (2:13; 6:9,10; 16:6; 17:6), fica claro, com base nas sete mensagens às congregações, que a perseguição era apenas eventual e localizada. Entretanto, João vê que a natureza do poder romano é tal que, se os cristãos são testemunhas fiéis de Deus, precisam suportar o confronto inevitável entre as pretensões divinas de Roma e seu testemunho do Deus verdadeiro.

Sob a perspectiva profética joanina, o mal de Roma era principalmente a tentativa de tornar absolutos seu poder e sua prosperidade. Em consequência, Roma os buscou e os manteve à custa de suas presas. Segundo 18:24, não é somente pelo martírio dos cristãos que os romanos serão julgados, mas também pelo massacre de todas as suas presas inocentes: "Nela foi encontrado sangue de profetas e de santos, e de todos os que foram assassinados na terra". Portanto, há um sentido em que o Apocalipse tem uma visão do "lado mais baixo da história", sob a perspectiva das vítimas do poder e da glória de Roma. Ele assume essa perspectiva não porque João e seus leitores cristãos pertencessem, necessariamente, às classes que mais sofreram, sem desfrutar a força e a prosperidade desse império, mas porque, se forem fiéis em seu testemunho do Deus verdadeiro, sua oposição à opressão de Roma e a respectiva dissociação do mal os tornarão vítimas em solidariedade às demais vítimas de Roma. O significado especial do martírio cristão é que ele esclarece a questão. Aqueles que testificam o único Deus real, verdadeiro e absoluto, a quem todo o poder político está sujeito, expõem a deificação idólatra de Roma pelo que é em si mesma.

Isso significa que o poder de resistência a Roma teve origem na fé cristã no único Deus verdadeiro. Não se sujeitar ao poder romano e não glorificar sua violência e seus lucros exigiam uma perspectiva alternativa à ideologia que permeava a vida pública. Tanto para João, quanto para os que tinham o mesmo discernimento profético, foi a visão cristã do Deus incomparável, exaltado acima de todos os poderes mundanos, que relativizou o domínio romano e expôs as pretensões de Roma à divindade como uma ilusão perigosa. Essa é a motivação da crítica em Apocalipse, na estrutura do livro e na visão do governo e da justiça de Deus no capítulo 4. À luz da justiça divina, a opressão e a exploração romanas são condenadas e, considerando o senhorio de Deus ao longo da história, fica evidente que o império não detém o poder máximo e não pode continuar o seu governo injusto indefinidamente. Desse modo, se existe um sentido, no qual Apocalipse adota uma concepção do "lado mais baixo da história", é pela perspectiva celestial, graças à visão da sala do trono de Deus lá no alto, que torna isso possível.

SANTIDADE DIVINA NO JULGAMENTO

O livro inteiro de Apocalipse pode ser considerado uma visão do cumprimento das três primeiras petições da Oração do Senhor: "Santificado seja o teu nome. Venha o teu Reino; seja feita a tua vontade, assim na terra, como no céu" (Mateus 6:9,10). João e seus leitores viviam em um mundo no qual o nome de Deus não era santificado, sua vontade não era feita e o mal dominava por meio da opressão e da exploração do sistema romano de poder. Contudo, no capítulo 4, ele vê no céu a esfera da realidade máxima, a santidade absoluta, a justiça e a soberania divinas. A partir dessa visão do nome de Deus glorificado e da obediência à sua vontade no céu, seu reino deve vir à terra. É isso que torna a visão do capítulo 4, ao lado de sua continuação cristológica no capítulo 5, essencial a tudo que vem em seguida. Uma grande variedade de conexões literárias e temáticas vincula o capítulo 4 às visões recebidas logo depois. Há, em particular, um vínculo entre essa seção do livro e as visões do julgamento do mundo e dos poderes malignos. A santidade e a justiça do Senhor requerem a condenação da injustiça na terra e a destruição do domínio do mal que contestam seu governo sobre a terra, a fim de que deem lugar à vinda do reino de Deus entre nós.

Existem três séries de julgamentos: as sete aberturas dos selos (6:1-17; 8:1,3-5), as sete trombetas (8:2,6-21; 11:14-19) e as sete taças (15:1,5-21). Como sete é o número da plenitude, de certa forma cada série completa o juízo de Deus em relação ao mundo injusto. Em outras palavras, o sétimo elemento de cada série retrata o ato final de julgamento, quando, então, o mal é destruído e o reino do Senhor chega. Todavia, as três séries estão tão conectadas que a sétima abertura de selo engloba as sete trombetas, as quais, por sua vez, incluem as sete taças. Assim, cada série alcança o mesmo final, mas partindo de pontos gradualmente mais próximos do fim. Por esse motivo, as três sequências de julgamento têm intensidade progressiva: a primeira afeta um quarto da terra (6:8), a segunda, um terço (8:7-12; 9:18) e a terceira é ilimitada. Os juízos de advertência, contidos na esperança de que os ímpios sejam advertidos e se arrependam (veja 9:20,21), são sucedidos na última série por juízos da retribuição final (veja 16:5-7). É claro que o retrato cuidadosamente esquematizado dos tribunais mostra seu significado teológico e não pode ser visto como uma previsão literal de acontecimentos.

O que nos interessa aqui é como esses conjuntos de julgamentos estão vinculados à visão da sala do trono de Deus no capítulo 4. Cada série é apresentada como se, de alguma forma, saísse dessa sala. São os quatro seres viventes que chamam os quatro cavaleiros nas quatro primeiras aberturas de selos (6:1,3,5,7). As sete trombetas são tocadas pelos sete anjos diante de Deus no céu (8:2,6). Mais elaborado ainda é como as sete últimas pragas, pelas quais "se completa a ira de Deus" (15:1), são retratadas como se surgissem da sala do trono no mesmo capítulo. O templo celestial está aberto (15:5). Os anjos que derramarão as taças da ira sobre a terra saem dele (15:6), e um dos seres viventes lhes dá as "sete taças de ouro cheias da ira de Deus, que vive para todo o sempre" (15:7). Essa última expressão é uma alusão a como o Senhor é apresentado em 4:9,10 (veja tb. 10:6). Ele é o único ser eterno: o mal perecerá debaixo de seu juízo. Finalmente, em 15:8 ("O santuário ficou cheio da fumaça da glória de Deus e do seu poder, e ninguém podia entrar no santuário enquanto não se completassem as sete pragas dos sete anjos"), há um eco de Isaías 6:4 ("e o templo ficou cheio de fumaça"). Isso completa uma menção à visão que Isaías teve de Deus em seu trono, que teve início no capítulo 4, com o cântico dos seres viventes (4:8: "Santo, santo, santo é o Senhor, o Deus Todo-poderoso", ecoando Isaías 6:3). É o Deus cuja santidade impressionante é cantada incessantemente pelas criaturas, manifestando sua glória e poder na última série de julgamentos.

No entanto, ainda mais significativa é a ligação literária entre 4:5a e o sétimo elemento de cada série de juízos. Em 4:5a ("Do trono saíam relâmpagos, vozes e trovões"), João desenvolveu uma característica da visão de Ezequiel do trono divino (Ezequiel 1:13) em uma menção aos fenômenos da tempestade que acompanharam a automanifestação de Deus no Monte Sinai (Êxodo 19:16; 20:18). Portanto, esse aspecto da visão joanina representa aquele que toma assento no trono como o Deus santo da aliança do Sinai, que exige obediência à sua vontade justa. Então, a fórmula usada em 4:5a ecoa na abertura do sétimo selo (8:5), no soar da sétima trombeta (11:19) e no derramamento da sétima taça (16:18-21) do seguinte modo:

4:5	"relâmpagos, vozes e trovões"
8:5	"trovões, vozes, relâmpagos e um terremoto"
11:19	"relâmpagos, vozes, trovões, um terremoto e um grande temporal de granizo"
16:18-21	"relâmpagos, vozes, trovões e um forte terremoto [...] enormes pedras de granizo"

Em 4:5, a estrutura aponta para uma manifestação da santidade do Senhor no céu. Sua expansão nos outros exemplos indica que o julgamento na terra está em vista agora (como o contexto de cada um deixa bem claro). Essa santidade se manifesta quando o mal é julgado. A ampliação progressiva do modelo corresponde à intensificação das três séries de juízos. Dessa forma, todo o curso dos julgamentos é descrito como a expressão da mesma virtude divina que é revelada na teofania no céu, em 4:5.

Em todas essas conexões entre a visão do trono de Deus no capítulo 4 e as três séries de julgamentos, está evidente que a transcendência divina é protegida, e a ausência de representação antropomórfica, característica tão marcante neste capítulo, é preservada. Deus não é apresentado diretamente como juiz. Os seres viventes que pertencem ao seu trono (4:6) ordenam os julgamentos (6:1,3,5,7; 15:7) e os anjos os executam. A glória, o poder e a santidade do Senhor são expressos em fumaça, tempestade e terremoto — os acompanhantes tradicionais da teofania —, mas o próprio Deus não é visto ou ouvido. Até mesmo quando João refere-se à grande voz que, no derramamento da sétima taça, declara a conclusão do julgamento ("Está feito"), ele adota o tipo de subentendido com que os escritores judeus costumavam evitar o antropomorfismo de referência à própria voz divina, que não é considerada a voz de Deus, mas aquela que vem "do trono" (16:17). Assim, a forma de João retratar os julgamentos está o mais distante possível da imagem de um déspota humano exercendo um poder arbitrário.

Esse ponto é muito importante quando lembramos que o propósito de João certamente não é comparar a soberania divina celestial ao poder absoluto dos governantes humanos terrenos. Muito pelo contrário: seu objetivo é opor-se a ambos. O poder absoluto na terra tem inspiração satânica, além de surtir efeito destrutivo e de ser idólatra em sua reivindicação de plena lealdade. Embora reclame divindade, é completamente diferente da soberania divina. Desse modo, subverteria toda a intenção da profecia joanina se sua descrição do domínio de Deus parecesse ser uma projeção no céu do poder absoluto reivindicado pelos líderes humanos na terra. Esse risco é evitado por uma espécie de apofatismo[8] nas imagens que o purificam do antropomorfismo e sugerem a incomparabilidade da soberania de Deus. Seus juízos são verdadeiros e justos (16:7; 19:2; veja 15:3). Em outras palavras, correspondem à realidade moral das coisas. Ele é soberano como o único santo (15:4). Explicando melhor, só ele tem a justiça em sua natureza. O domínio absoluto, que precisa ser atribuído ao Criador, a fonte de todo valor, que é verdade e justiça em seu ser, não é igual ao domínio absoluto defendido pelas criaturas finitas na terra. Nenhum escritor das Escrituras parece estar mais ciente dessa diferença do que João.

SOBERANIA DIVINA E TRANSCENDÊNCIA

Com frequência, a imagem de Deus como governante e juiz transcendente tem sido duramente criticada em diversos debates teológicos recentes. As teólogas feministas não foram as únicas a rejeitar essa concepção, embora, em várias ocasiões, tenham sido veementes em considerá-la uma projeção religiosa da dominação patriarcal.[9] Como veremos especialmente nos próximos dois capítulos, essa imagem não esgota a compreensão de Deus em Apocalipse, mas desempenha papel fundamental nessa interpretação, razão pela qual é relevante questionar se o uso que o livro faz dessa imagem

[8]O apofatismo (ou teologia negativa) distingue radicalmente Deus de todos os seres, ao concebê-lo em termos negativos: ele *não* é como as criaturas.

[9]P. ex., D. Hampson, *Theology and feminism* (Oxford: Blackwell, 1990), p. 151-3.

do Senhor resultaria, justificadamente, nos tipos de crítica que lhe são dirigidos por feministas e outros teólogos contemporâneos.

Temos de levar em conta dois tipos de crítica. O primeiro é que as imagens de Deus como um ser soberano, funcionam como aprovação religiosa para as estruturas autoritárias de poder e dominação na sociedade humana. É evidente que esse tem sido frequentemente o caso. Uma das ironias mais profundas da história é que, quando o Império Romano tornou-se nominalmente cristão pelas mãos dos imperadores cristãos, o cristianismo passou a ser colocado em prática de maneira não muito diferente da religião estatal que Apocalipse apresenta como a autodeificação idólatra de Roma. O governo do imperador cristão era considerado uma representação da própria soberania divina e, embora isso incluísse o conceito de responsabilidade do imperador em relação a Deus, também oferecia justificativa religiosa à monarquia absoluta. No entanto, esse é o exato oposto de como a imagem da soberania divina funciona em Apocalipse. Ali, longe de legitimar a autocracia humana, o domínio divino o deslegitima radicalmente. O poder absoluto, por definição, pertence apenas a Deus, e é exatamente esse reconhecimento que relativiza todo o poder humano. A representação da soberania divina funcionou de modo bem semelhante na Inglaterra do século 17, desempenhando papel relevante nas origens religiosas da democracia moderna. O que foi declarado é que, como Deus é rei, todos os homens e mulheres são igualmente seus súditos, e ninguém deve tomar para si a função de liderar seus semelhantes.[10]

Já observamos como Apocalipse, ao evitar o antropomorfismo, sugere a incomparabilidade do domínio de Deus. Na verdade, a imagem do domínio está sendo usada com a intenção de manifestar um aspecto da relação entre o Senhor e suas criaturas que se mostra único, em vez de oferecer um padrão para os vínculos entre

[10]D. Nicholls, *Deity and domination* (London/ New York: Routledge, 1989), p. 236. (Esse livro traz uma excelente abordagem dessa questão no pensamento religioso e político dos séculos 19 e 20.)

os humanos. É claro que a figura do trono tem origem no mundo humano, mas é usada com o propósito de enfatizar a diferença, mais do que a semelhança, entre a soberania divina e a soberania humana. Em outras palavras, é empregada no intuito de expressar transcendência. Boa parte da crítica moderna de representações desse tipo parece incapaz de entender a excelência real, supondo que a ligação entre Deus e o mundo deve ser comparável, em todos os sentidos, aos vínculos entre as criaturas, e que todas as imagens divinas devem servir como modelo para o comportamento humano. Censura as representações de transcendência, como a soberania, porém ela é necessária, a fim de mostrar que Deus é um ser sobre-humano ao lado de outros seres. Evidentemente, a magnificência real indica que Deus transcende toda a existência da criatura. Ele é a fonte, a base e o objetivo de todos os seres criados, o mistério infinito do qual todo ser finito depende, sua relação conosco é única. Podemos expressá-la simplesmente usando termos e figuras de maneira peculiar, que apontam para além de si, para algo completamente incomparável com as fontes humanas de nossa linguagem e de nossas imagens.

Quando reconhecemos a necessidade da nomenclatura de Deus que aponta para a transcendência, entendemos que João é muito bem-sucedido em encontrar uma linguagem religiosamente evocativa que expressa essa grandeza. Suas interpretações diferentes do nome divino — o Alfa e o Ômega, aquele que é, que era e que há de vir — tentam nomear aquele que precede e ultrapassa toda a existência infinita, ainda que esteja intimamente relacionado a ele como sua fonte e seu propósito. Essas designações para Deus são também claramente não antropomórficas, sugerindo que o vínculo divino com o mundo transcende as analogias humanas. Quanto à imagem do trono, a forma de João a empregar não só evoca excelência, mas faz isso de forma polêmica, contra o endeusamento do poder do homem. Finalmente, a visão joanina leva o leitor à adoração daquele que é o único santo e Criador, despertando aquelas formas de percepção de Deus que são o reconhecimento da transcendência. É no tipo de culto genuíno que João retrata em sua visão do céu que vemos a nós mesmos como criaturas finitas em relação ao mistério transcendente de Deus. A adoração falsa, como João retrata na idolatria à besta, é enganosa porque seu objeto não é o mistério da excelência, mas unicamente a mistificação de algo finito. Em consequência, a capacidade das visões de Apocalipse de evocar a superioridade divina é indispensável ao seu propósito profético de diferenciar o verdadeiro culto da idolatria, o Deus verdadeiro do falso.

Um segundo tipo de crítica à imagem de Deus como governante soberano sobre sua criação é que ela o coloca como uma figura distante do mundo, não se envolvendo com sua criação.[11] Essa crítica é mal interpretada quando dirigida contra a transcendência como tal. A transcendência exige absoluta distinção entre Deus e as criaturas finitas, mas não o afastamento delas. Precisamente porque não é um ser finito entre outros, o Pai grandioso pode estar incomparavelmente presente no meio de todos, mais perto deles do que eles mesmos. Esse ponto é relevante em Apocalipse, já que explica como o Senhor, cuja transcendência é tão destacada, pode, na nova criação, habitar entre os seres humanos (21:3). Segundo 21:3,4, sua intimidade com a criação é tão impressionante, quanto sua transcendência na visão do capítulo 4. Além disso, até mesmo a figura do trono se torna, na Nova Jerusalém, uma expressão da proximidade de Deus com seu povo (22:3,4; e veja 7:15-17).

Entendemos, então, que as visões retratam uma divergência entre o presente e o futuro escatológico. Deus, como aquele que está sentado no trono, encontra-se no céu e age na terra unicamente por meio de intermediários angelicais. Só na vinda final para a sua criação, na Nova Jerusalém, que desce do céu e acaba com a separação entre o céu e a terra, é que Deus habitará com seu povo. A impressão de que, agora, Deus está, de alguma forma, ausente do plano terrestre é confirmada pela diferença entre o cântico dos seres viventes (4:8) e o original do AT em que se baseia: Isaías 6:3. Os serafins de Isaías cantam: "Santo, santo, santo é o SENHOR

[11] P. ex., S. McFague, *Models of God: theology for an ecological, nuclear age* (London: SCM, 1987), p. 63-9.

dos Exércitos, a terra inteira está cheia da sua glória". Na visão de João, a última parte é substituída pela designação de Deus: "que é e que há de vir". Lembramos que o capítulo 4 retrata no céu a soberania do Senhor que ainda está por vir na terra. A glória divina ainda não se manifestou em um mundo dominado pela injustiça. Entretanto, esse não é um dualismo de outro universo, que rejeita este mundo a favor de outro, mas um reconhecimento do mal que obscurece a glória de Deus no mundo da forma que é, e também a esperança de que, resgatado do mal, o mundo será habitado pelo esplendor do Pai.

Faz parte da perspectiva apocalíptica retratar o presente e o futuro escatológico em um contexto bastante claro. Não há dúvida de que a maioria dos cristãos modernos prefere reconhecer os traços da glória divina, mesmo em um mundo no qual a injustiça humana é muito grande. Contudo, Apocalipse lida com representações que não podem dizer tudo de uma só vez. O ponto aqui é uma preocupação esmagadora com a ausência da justiça de Deus em seu mundo, uma preocupação que João compartilha com a tradição apocalíptica judaica. Enquanto a besta domina, não se pode afirmar a presença de Deus em sua glória. Sabe-se que até mesmo a besta só tem poder por permissão divina (13:7), mas somente quando a vontade de Deus vencer todo o mal, será possível afirmar que seu reino veio à terra (11:15). Só então, ele habitará no meio de sua criação (21:3).

No entanto, se aquele que está sentado no trono é, de alguma maneira, retirado do universo celestial, Apocalipse retrata a presença do Senhor no mundo dominado pelo mal. Como veremos nos dois capítulos seguintes, a figura do Cordeiro representa o envolvimento sacrificial e sofredor de Deus na terra, e o Espírito, sua presença no testemunho sacrificial da verdade pela igreja.

DEUS, O CRIADOR

Analisamos, em detalhes, a soberania de Deus apresentada no capítulo 4. Igualmente importante e intimamente conectada é a confissão de Deus como Criador, expressa no hino dos 24 anciãos:

> Tu, Senhor e Deus nosso, és digno de receber a glória, a honra e o poder, porque criaste todas as coisas, e por tua vontade elas existem e foram criadas.

Esse era o entendimento de Deus como Criador, característica do judaísmo, que o cristianismo primitivo compartilhava sem questionamento. O único Deus é apresentado como aquele que trouxe todas as coisas à existência. Como Criador, só ele tem o poder absoluto sobre tudo. Como tal, todas as criaturas lhe devem a vida, e somente ele pode ser cultuado. Como esse capítulo do próprio Apocalipse ilustra, o monoteísmo judaico não foi comprometido pela crença comum em uma multidão de outros seres celestes, pois, como os anciãos confessam, eles são, categoricamente, criaturas que devem sua existência a Deus. Nos tempos do NT, o monoteísmo era definido pela doutrina da criação e pela prática da adoração. O único criador de todas as coisas é Deus — e somente ele pode ser adorado.

Consequentemente, quando um anjo proclama o "evangelho eterno" a todos os povos na terra, chamando-os ao arrependimento em vista da proximidade do juízo final, a essência desse evangelho é uma convocação ao reconhecimento de seu Criador em adoração: "Temam a Deus e glorifiquem-no, pois chegou a hora do seu juízo. Adorem aquele que fez os céus, a terra, o mar e as fontes das águas" (14:7). O louvor que toda a terra está prestando à besta (13:8) é realmente devido a Deus, porque é ele o Criador de todas as coisas.

A concepção de Deus como Criador não era parte integrante apenas do monoteísmo judaico e cristão, foi também essencial ao desenvolvimento da escatologia judaica e cristã. Se Deus era a fonte transcendente de tudo, poderia também ser a fonte de possibilidades totalmente novas para seu povo no futuro. A criação não está limitada eternamente às suas próprias possibilidades inerentes; ela está aberta às novas possibilidades inovadoras de seu Criador. Foi assim que a expectativa da ressurreição tornou-se possível: a esperança judaica não se baseava na crença em uma capacidade inata da natureza humana de sobreviver à morte (embora algum tipo de sobrevivência fosse geralmente suposta). Foi essencialmente uma forma de confiança no Deus Criador que, assim como deu a vida que acaba em morte, também pode devolver essa vida aos mortos. Mais do que isso, ele pode conceder uma *nova* vida, escatologicamente criada para a eternidade, longe da ameaça da morte. Enquanto a vida mortal, cortada de sua fonte, encerra-se no momento do falecimento, Deus pode dar uma nova vida, tão unida à sua própria vida eterna que é capaz de compartilhar sua própria eternidade.[12]

Todavia, a esperança escatológica judaica não se referia somente à ressurreição de indivíduos, mas também ao futuro de toda a criação divina. Ela dizia respeito a uma *nova* criação (veja *1Enoque* 72:1; 91:16; *2Baruque* 44:12; *LAB* 3:10; 2Pedro 3:13, todos inspirados em Isaías 65:17; 66:22). Isso não significava a substituição deste mundo por outro, como podemos conferir em referências paralelas à *renovação* da criação (*Jubileus* 1:29; *2Baruque* 32:6; *4Esdras* 7:75; veja *1Enoque* 45:5). A passagem de Apocalipse 21:1, que ecoa diretamente a linguagem de Isaías (43:18,19; 65:17), está entre aquelas que, à primeira vista, podem sugerir a substituição dessa criação por outra completamente diferente:

> Então vi um novo céu e uma nova terra, pois o primeiro céu e a primeira terra tinham passado...

As palavras "primeiro" e "novo", aqui, carregam referência apocalíptica quase técnica ao contraste entre, por um lado, a criação da era presente, que está acabando e, por outro lado, a era *escatologicamente* nova, ou seja, a vida qualitativamente bem diferente da era eterna por vir. Essa descontinuidade é paralela, em escala cósmica, àquela (no caso dos seres humanos) entre esta vida mortal e a nova vida de ressurreição. Por sua natureza, a primeira criação volta ao nada.

---

[12]Sobre esse parágrafo, veja R. Bauckham, "God who raises the dead: the resurrection of Jesus in relation to early Christian faith in God", a ser publicado em P. Avis, org., *The resurrection of Jesus Christ* (Edinburgh: T. & T. Clark).

Ela precisa de um novo ato criador de Deus, para lhe conceder, digamos, um modo totalmente novo de existência, levada para além de toda ameaça de mal e destruição, habitada por sua glória, participando de sua própria eternidade. Como 21:4 ressalta, é o fim do sofrimento e da mortalidade que está em questão quando Apocalipse fala da "passagem" das "primeiras coisas". O fato de o contraste entre "o primeiro céu e a primeira terra", por um lado, e "o novo céu e a nova terra", por outro, referir-se à renovação desta criação, e não à sua substituição por outra, é confirmado pela observação de que os escritores judeus e cristãos podiam falar de forma semelhante da terra que foi destruída pelo Dilúvio e do novo mundo cujo nascimento seguiu-se a esse evento (cf. 2Pedro 3:6), entendendo o Dilúvio como uma reversão da criação ao caos a partir do qual havia sido formada. Em breve, retornaremos ao paralelo com o Dilúvio.

Em 21:5, pela primeira e única vez desde 1:8, aquele que está sentado no trono fala diretamente e em tom solene: "Estou fazendo novas todas as coisas". O maior significado dessas palavras, que ecoam Isaías 65:17 (veja 43:19), é destacado pela ordem de Deus a João para escrevê-las. Correspondem a 4:11: "criaste todas as coisas". A universalidade do novo começo escatológico está correlacionada à derivação de todas as coisas do ato criativo original de Deus. Esse vínculo entre a criação original e a nova criação destaca a dimensão cósmica do horizonte teológico de João, dentro do qual, sua maior preocupação com o mundo humano está inserida.

O significado completo da concepção bíblica da criação, de que toda a realidade finita existe apenas pelo dom da existência oferecido por Deus, o Criador, tornou-se suspeito dentro das mesmas correntes da teologia contemporânea que criticam a imagem da soberania.[13] Em parte, isso representa um desagrado pela relação totalmente assimétrica da dependência absoluta do mundo para com a vontade do Criador em favor de algum tipo de mutualidade entre ele e a

[13]P. ex., D. Hampson, *Theology and feminism* (Oxford: Blackwell, 1990), p. 131-2; S. McFague, *Models of God: theology for an ecological, nuclear age* (London: SCM, 1987), p. 109-10.

criação. Porém, a teologia de Apocalipse pode auxiliar-nos a identificar dois efeitos inevitáveis dessas tendências. Em primeiro lugar, elas traem uma das raízes do receio religioso da unicidade de Deus: a consciência de que, além de toda a interdependência da criação, existe unicamente um ser a quem todas as coisas devem sua existência (portanto, tudo). Essa consciência é inseparável do culto monoteísta, que é o reconhecimento da natureza absoluta e incomparável desse Criador, que não é dada a seres finitos, que são, em última análise, criaturas semelhantes a ele (cf. Apocalipse 19:9,10; 22:8,9). Essa percepção e essa adoração (expressas em 4:11) não contradizem nem diminuem a independência relativa e a criatividade profunda das criaturas em si, tampouco as relações de reciprocidade real entre Deus e a criação: elas vão além desses aspectos, com o reconhecimento de que elas também são doadas pelo Criador.

Em segundo lugar, reduzir a transcendência real do Criador limita a abertura de sua criação ao escatologicamente novo. Um Deus que não é a origem grandiosa de todas as coisas, mas apenas um modo de falar das possibilidades criativas inerentes ao próprio universo, não pode ser a base da esperança máxima para o futuro da criação. Onde a fé em Deus, o Criador, diminui, inevitavelmente enfraquece a esperança da ressurreição, quanto mais a nova criação de todas as coisas. O Deus, que é o Alfa, também será o Ômega.

A FIDELIDADE DO CRIADOR À CRIAÇÃO

A esperança escatológica de Apocalipse tem sua base não só na compreensão de Deus como Criador, mas também na crença em sua fidelidade à sua criação. Se a fé nele levanta a possibilidade de uma nova criação, é a confiança em sua fidelidade à sua criação que traz a esperança de que se concretize. Essa fidelidade do Criador à sua criação é o tema teológico da narrativa do Dilúvio em Gênesis e se manifestou na aliança com Noé (que costuma ser chamada assim, mas, segundo Gênesis, esse pacto foi selado entre Deus, Noé e toda a criação). É provável que exista uma alusão à aliança de Noé em Apocalipse 4:3. Embora o arco-íris em volta do trono tenha sido sugerido pela visão de Ezequiel do trono divino, em que o esplendor da figura assentada era visto como um arco-íris (Ezequiel 1:28), é provável que, assim como João encontrou indício da teofania do Sinai no relâmpago da visão de Ezequiel (Ezequiel 1:13; Apocalipse 4:5), tenha enxergado, em sua menção ao arco-íris, o sinal da aliança com Noé. Dessa maneira, enquanto Ezequiel retratou o esplendor divino tal como "a aparência do arco-íris", João vê circundando o trono "um arco-íris parecendo uma esmeralda". O arco-íris se move da semelhança para a realidade, uma vez que o arco que Deus colocou no céu após o Dilúvio torna-se um sinal de seu pacto com a terra (Gênesis 9:13-17).

A dimensão em que a fidelidade do Criador à sua criação é o tema de Apocalipse pode ser confirmada se levarmos em consideração uma importante alusão à história do Dilúvio de Gênesis em Apocalipse 11:18. Costuma-se dizer que o tempo do fim — o julgamento e a inauguração do reino de Deus — é, entre outras coisas, o momento "para destruir os destruidores da terra". Esse é um exemplo do *jus talionis* escatológico, modo de falar do juízo divino em que a apresentação do castigo corresponde verbalmente à definição do pecado (veja outros exemplos em 16:6; 18:6; 22:18,19). Trata-se de uma forma literária de indicar a justiça absoluta do julgamento de Deus: a punição corresponde ao crime. Nesse caso, a correspondência verbal é alcançada pelo uso de um verbo grego (*diaphtheirō*) que pode significar tanto "destruir", no sentido de fazer perecer, como "ruína", no sentido de se corromper com o mal.[14] Os "destruidores da terra" são os poderes malignos: o dragão, a besta e a meretriz da Babilônia (que, em 19:2, é acusada de "corromper — ou destruir — a terra com sua prostituição"). Com sua violência, opressão e religião idólatra, arruínam a criação de Deus. Sua fidelidade para com a criação exige que ele os destrua a fim de preservá-la e livrá-la do mal.

No entanto, a expressão — "destruir os que destroem a terra" — também remete ao jogo de palavras equivalente encontrado em Gênesis 6:11-13,17, em que o verbo hebraico *šahat* carrega o mesmo

[14]Veja um modo semelhante de usar o termo *phtheirō* em outra expressão de *jus talionis* escatológica em 1Coríntios 3:17.

significado duplo. Ali, Deus determina que *destruirá* junto com a terra aqueles que a estão corrompendo com seus maus caminhos. E ele faz isso no Dilúvio, que foi um julgamento divino com o objetivo de libertar a criação de Deus da violência catastrófica de seus habitantes.

À primeira vista, esse paralelo entre o Dilúvio e o julgamento escatológico a que Apocalipse 11:18 se refere pode parecer contradizer a aliança com Noé, em vez de confirmar a fidelidade de Deus a ela. Nesse pacto, Deus prometeu que "nunca mais haverá Dilúvio para destruir a terra" (Gênesis 9:11). No entanto, temos de lembrar como o mundo foi destruído no Dilúvio. Suas águas são consideradas as águas primitivas do caos ou do abismo (Gênesis 1:2; 7:11), que Deus, na criação, separou e manteve à distância, mas não eliminou (Gênesis 1:67). Elas representam o poder do nada de desfazer a criação, um potencial destrutivo que permanece no intuito de ameaçar o universo criado com a reversão ao caos. Na narrativa do Dilúvio, Deus é mostrado como quem permite que as águas abismais inundem o mundo, devolvendo-o ao caos (veja *1Enoque* 83:4).

Essas águas caóticas são o mar de onde sai a besta com sua violência exterminadora (Apocalipse 13:1; cf. Daniel 7:2,3). Na parúsia, o monstro é destruído (19:20), porém a potencialidade para o mal, ainda não. Após o Diabo, a morte e o Hades (os últimos destruidores da terra) serem lançados ao fogo (20:10,14), o novo mundo é caracterizado por um aspecto que o torna, de fato, escatologicamente novo: "e o mar já não existia" (21:1). As águas dos antigos abismos, que representam a fonte do mal devastador, a possibilidade de reversão da criação ao caos, finalmente não existem mais. Portanto, o julgamento da velha criação e a inauguração da nova não são realmente um segundo Dilúvio, mas a eliminação final da ameaça de outra grande inundação. Nesse novo mundo, Deus torna sua criação eternamente segura de qualquer ameaça destrutiva do mal. Dessa forma, Apocalipse retrata o Senhor sendo fiel à aliança com Noé e, na verdade, superando-a em sua fidelidade à sua criação: primeiro, ao acabar com os destruidores da terra e, em seguida, levando a criação para longe da ameaça do mal. Só então, ela se torna o lar no qual ele habita com o esplendor de sua glória divina (21:3,22,23).

CAPÍTULO • TRÊS

O CORDEIRO *no* TRONO

Tradicionalmente, a dogmática cristã tem separado, como dois tópicos doutrinários, a pessoa e a obra de Cristo. E, ainda que, evidentemente, os dois temas estejam intrinsecamente ligados, usaremos essa distinção para estudar, no presente capítulo, a identificação de Jesus Cristo com Deus no Apocalipse e, no capítulo seguinte, seu entendimento da tarefa de Cristo de estabelecer o reino de Deus na terra.

O PRIMEIRO E O ÚLTIMO

A visão de João já tem início com uma cristofania. O Cristo ressurreto surge como um ser celestial glorioso (1:12-16) e declara sua identidade do seguinte modo:

> Eu sou o primeiro e o último. Sou aquele que vive. Estive morto mas agora estou vivo para todo o sempre! E tenho as chaves da morte e do Hades (1:17,18).

No capítulo anterior, já observamos que a frase "Eu sou o primeiro e o último", corresponde à autodeclaração divina "Eu sou o Alfa e o Ômega" (1:8) e que, em Apocalipse como um todo, encontramos o seguinte padrão de duas autoafirmações feitas por Deus e duas por Cristo:

Deus	Eu sou o Alfa e o Ômega (1:8).
Cristo	Eu sou o Primeiro e o Último (1:17).
Deus	Eu sou o Alfa e o Ômega, o Princípio e o Fim (21:6).
Cristo	Eu sou o Alfa e o Ômega, o Primeiro e o Último, o Princípio e o Fim (22:13).

Um estudo detalhado dessa estrutura pode revelar a dimensão impressionante com que Apocalipse identifica Jesus Cristo com Deus.

Como vimos, ambos os títulos —"o Alfa e o Ômega" e "o Princípio e o Fim" — usados por Deus mostram como ele é eterno em relação ao mundo. Ele precede e dá origem a todas as coisas como seu Criador e trará tudo à realização escatológica. Os títulos não podem significar outra coisa quando empregados por Jesus em 22:13. Embora possa parecer inicialmente que Deus e Cristo são, de alguma maneira, distinguidos pelas duas autodeclarações diferentes em 1:8 e 1:17, em 22:13 a inserção da designação que é aplicada apenas para se referir a Cristo ("o primeiro e o último") entre aqueles que até aqui foram empregados apenas para Deus parece alinhar intencionalmente os três como equivalentes. Além disso, visto que a expressão "o Primeiro e o Último" é a mesma que aparece nas declarações divinas em Dêutero-Isaías (Isaías 44:6; 48:12), com todo o significado que os outros dois têm em Apocalipse, seria muito estranho se esse tivesse um sentido diferente dos demais.

Em alguns momentos, argumentou-se que seu significado é diferente. Na primeira parte da visão de João, seu contexto, que diz respeito ao relacionamento de Cristo com as sete igrejas, e sua ligação com a ressurreição em 1:17,18, uma conexão repetida em 2:8, poderiam sugerir que ele se refere a Jesus, não como primeiro e último em relação a toda a criação, mas em relação à igreja. Como "primogênito dentre os mortos" (1:5), o Cristo ressurreto é a origem da igreja, que ele também levará a cabo em sua parúsia. Entretanto, essa não é a única forma de ler 1:17,18. A declaração começa afirmando a participação do Filho no ser eterno de Deus, a origem e o propósito de todas as coisas ("Eu sou o primeiro e o último"), e continua apontando o modo particular — na verdade, extraordinário — pelo qual ele, como "aquele que vive" (1:18), compartilha a existência eterna de Deus. Enquanto se diz que Deus é "o que é, o que era e o que há de vir" (1:8) ou que é "aquele que vive para todo o sempre" (4:9,10; 10:6; 15:7), Cristo declara: "Estive morto mas agora estou vivo para todo o sempre" (1:18). Sua existência eterna foi interrompida pela experiência de uma morte humana, e ele compartilha a vida eterna de Deus por meio do triunfo sobre ela. Portanto, à medida que a autoafirmação em 1:8 declara o senhorio divino como seu poder acima de todas as coisas, a declaração correspondente da participação de Cristo nesse senhorio em 1:18, refere-se ao domínio sobre a morte e o Hades que ele ganhou por meio de sua morte e de sua ressurreição: "E tenho as chaves da morte e do Hades".

A derivação do título "o primeiro e o último" de Dêutero-Isaías e como é usado em 22:13 tornam essa interpretação de 1:17,18 a preferível. O fato de uma referência à participação de Cristo na criação do mundo inteiro por Deus não estar fora de lugar no contexto de seu discurso às igrejas, fica bem claro no versículo 3:14, em que o começo da mensagem à congregação da Laodiceia o chama de "a origem (*arché*) da criação divina". Isso não quer dizer que ele tenha sido o primeiro ser criado ou que em seu ressurgimento ele foi o início da nova criação de Deus. Deve ter o mesmo sentido da primeira parte do título, "o princípio (*arché*) e o fim", empregado no intuito de se referir a Deus (21:6) e a Cristo (22:13). Jesus precedeu todas as coisas, sendo sua fonte. Nessa crença em seu papel na criação, Apocalipse concorda com a literatura paulina (1Coríntios 8:6; Colossenses 1:15-17), Hebreus (1:2) e o quarto Evangelho (1:1-3). Tal crença surgiu por meio de uma identificação de Cristo com a Palavra ou a sabedoria de Deus, por meio da qual ele criou o mundo, e essa identificação pode ser claramente percebida em como o papel do Filho na criação é expresso nas referências externas a Apocalipse que acabamos de trazer.[1] No Apocalipse, a citação foi combinada com outro desenvolvimento cristológico, provavelmente anterior, da igreja primitiva: a confirmação da vinda escatológica de Deus com a parúsia esperada de Jesus Cristo. Então, essas duas ideias têm o efeito de incluir Cristo como agente divino, tanto na criação de todas as coisas por Deus, como na concretização escatológica de todas as coisas por ele. Assim, Cristo é "o Alfa e o Ômega, o primeiro e o último, o princípio e o fim". Esse modo de afirmar inquestionavelmente que Jesus Cristo carrega a plenitude do ser eterno de Deus, supera todo o restante no NT.

O ponto pode ser reforçado por uma observação mais próxima do padrão formado pelas quatro passagens (1:8,17; 21:6; 22:13) em que os três títulos são usados como autodenominações por Deus e Cristo. Na estrutura do livro, a visão de João (1:9-22:9) é inserida em um prólogo (1:1-8) e em um epílogo (22:6-21: o final da visão e o começo do epílogo se sobrepõem, de maneira que a passagem 22:6-9 pertence a ambos). Existem inúmeras formas literárias em que o prólogo e o epílogo apresentam relação mútua. Uma delas é que a autodenominação divina no final do primeiro (1:8) está correlacionada à de Cristo perto do início do segundo (22:13). Esses dois versículos são ainda mais correspondentes, uma vez que cada um é precedido de um anúncio da parúsia (1:7: "Eis que ele vem..."; 22:12: "Eis que venho..."). Se 1:8 e 22:13 se inter-relacionam desse modo, 1:17 e 21:6, colocados, respectivamente, no princípio e no fim da visão, também correspondem, de maneira que os quatro textos formam uma estrutura de quiasma (A-B-B^1-A^1). Há ainda certa semelhança temática entre 1:17 e 21:6, já que, em ambos os casos, aquele que se declara "o primeiro e o último" ou "o Alfa e o Ômega" também se declara a fonte de uma nova vida: Cristo, por meio de sua ressurreição (1:18); Deus,

[1]Veja J. D. G. Dunn, *Christology in the making* (London: SCM, 1980), cap. VI-VII; J. F. Balchin, "Paul, wisdom and Christ", in: H. H. Rowdon, org., *Christ the Lord: studies in Christology presented to Donald Guthrie* (Leicester: Inter-Varsity, 1982), p. 204-19.

por sua nova criação de todas as coisas e seu presente da água da vida (21:1-6).

O modelo quiástico pode ser definido da seguinte forma:

A	B	B1	A1
1:8	1:17	21:6	22:13
Final do prólogo	Início da visão	Final da visão	Início do epílogo
Deus	Cristo	Deus	Cristo
Alfa e Ômega		Alfa e Ômega	Alfa e Ômega
	Primeiro e último		Primeiro e último
		Princípio e fim	Princípio e fim
Ligação com parúsia (1:7)	Ligação com a nova vida (1:18)	Ligação com a nova vida (21:5,6)	Ligação com parúsia (22:12)

Esse padrão ressalta a identificação de Cristo com Deus que o uso dos títulos expressa. Como poderíamos esperar, mostra também que é com o impulso escatológico das designações que João está realmente preocupado. É na parúsia de Cristo que Deus, que é o princípio de tudo e de todas as coisas, também se tornará o fim de tudo. É a vida escatológica que Cristo adentrou em sua ressurreição que toda criatura redimida receberá na nova criação de Deus. Contudo, se o elemento escatológico dos títulos compartilhados por Deus e Cristo é o interesse principal da obra de João, o aspecto protológico também é cristologicamente importante, pois mostra que a identificação de Cristo com Deus implícita nos nomes não resulta de uma cristologia adocionista, em que o mero homem Jesus é elevado em seu ressurgimento ao *status* divino. Assim como a ressurreição é importante para a participação do Filho no senhorio do Pai (cf. 2:28; 3:21), esses títulos em comum indicam que ele compartilhou o ser eterno de Deus desde antes da criação.

No Dêutero-Isaías, o título "o primeiro e o último" está profundamente ligado ao monoteísmo exclusivo, característico da mensagem desse profeta. Iavé declara: "Eu sou o primeiro e eu sou o último; além de mim, não há Deus" (Isaías 44:6). Portanto, é notável o fato de esse título ser aquele pelo qual Cristo declara sua identidade em Apocalipse 1:17. Ele não o designa como um segundo deus, mas o inclui no ser eterno do único Deus de Israel, que é a fonte exclusiva e o propósito absoluto de todas as coisas. Veremos que João também toma outros cuidados, a fim de preservar a fé monoteísta judaica, ao mesmo tempo que compreende Jesus na divindade do único Deus.

A ADORAÇÃO DE JESUS

No capítulo anterior, vimos como o louvor é importante em Apocalipse, pois tem significado teológico muito preciso. Para o monoteísmo judaico, ele marca a distinção entre o único Deus, o Criador de todas as coisas, que deve ser adorado, e suas criaturas, a quem o culto é idolatria. A forma que ele marca essa diferenciação na prática religiosa é uma indicação mais importante do sentido real do monoteísmo judaico e cristão primitivo do que reflexões mais especulativas acerca da unidade de Deus. A tendência de alguns escritores modernos de supor que o que é expresso no culto não pode ser levado a sério em termos teológicos deveria ser rejeitada, ao menos nesse contexto, em que a restrição da adoração ao único Deus e a doutrina da criação a que estava intimamente ligada foram os pontos que os escritores judeus e cristãos enfatizaram ao opor seu monoteísmo à idolatria pagã. O significado polêmico do louvor é claro em Apocalipse, que vê a raiz do mal do Império Romano na prática idólatra do poder meramente humano e, então, traça as linhas de conflito entre os adoradores da besta e os do único Deus verdadeiro. A consciência de João quanto à questão do culto monoteísta é ainda manifesta, nos últimos capítulos do livro, em um incidente, incluído duas vezes para efeito estratégico, em que ele se prostra diante do anjo que faz a mediação da revelação.[2] O anjo protesta por não ser mais do que um servo de Deus e orienta João a adorar a Deus (19:10; 22:8,9). Essas passagens fazem uso de um motivo tradicional percebido em outras partes da literatura apocalíptica.[3] A glória do céu e a autoridade sobrenatural dos seres angelicais encontrados por visionários não provocam, de modo não natural, uma resposta que beira o louvor, mas o princípio da adoração monoteísta é mais fortemente defendido quando até mesmo os seres celestiais mais exaltados rejeitam o culto e insistem em que apenas Deus deve ser adorado. Nas passagens de Apocalipse, o argumento é que o anjo que mostra as visões a João não é a fonte da revelação, mas tão somente o instrumento para transmiti-la a ele. No entanto, Jesus é representado como a origem da revelação (22:16). A implicação parece ser que ele não é, como o anjo, excluído da adoração monoteísta, mas faz parte dela. Essa possibilidade é confirmada pela adoração explícita de Jesus em outras partes de Apocalipse.

Tendo em vista que a questão do culto monoteísta é claríssima em Apocalipse, a adoração a Jesus não pode ser representada pela negligência a essa questão. Em vez disso, parece que a adoração a Jesus deve ser entendida como um indicador da sua inclusão no ser do único Deus definido pelo culto monoteísta. Esse ponto torna-se evidente na cena do culto no céu, nos capítulos 4 e 5. No capítulo anterior, vimos como a adoração a Deus pela corte celestial no capítulo 4 está associada ao reconhecimento de Deus como o Criador de tudo (4:11). No capítulo 5, o Cordeiro — Cristo —, que triunfou por meio de sua morte e ressurreição, e que é visto em pé no trono divino (o provável significado de 5:6; veja 7:17), agora, torna-se o centro do círculo de louvor no céu, recebendo a

[2]O argumento desse parágrafo e dos três seguintes é apresentado em mais detalhes em R. Bauckham, "The worship of Jesus in apocalyptic Christianity", *NTS* 27 (1980-1981): 322-41; versão revisada: "The worship of Jesus", in: Bauckham, *The climax of prophecy*, cap. 4.

[3]*Ap. Sf.* 6:11-15; *Asc. Is.* 7:21,22; 8:5; *Ap. Paulo* (finalização copta); veja. Tb 12:16-22; *Jos. Az.* 15:12; *Evangelho de pseudo-Mateus* 3:3; *Esc. Jac.* 3:3-5; *3Enoque* 16:2-5.

reverência dos seres viventes e dos anciãos (5:8). Em seguida, esse círculo se amplia, e miríades de anjos se reúnem a essas criaturas e aos anciãos, em uma forma de adoração (5:12), claramente paralela àquela oferecida a Deus (4:11). Por fim, o grupo se expande para incluir toda a criação, em uma doxologia dirigida a Deus e ao Cordeiro (5:13). É importante notar que a cena é estruturada de tal maneira que a adoração ao Cordeiro (5:8-12) conduz à adoração a Deus e ao Cordeiro juntos (5:13). João não pretende representar Jesus como um objeto alternativo de culto ao lado de Deus, mas como alguém que compartilha da glória devida a Deus. Ele é digno da adoração divina porque essa adoração pode ser incluída no louvor ao único Deus.

Provavelmente ligado a essa preocupação de incluir Jesus no *monoteísmo* está o uso gramatical peculiar de outras partes de Apocalipse, em que a alusão a Deus e a Cristo juntos é seguida por um verbo (11:15) ou por pronomes no singular (22:3,4 e 6:17, em que o pronome *autou* é a melhor leitura). Não está claro se nesses casos a forma singular se refere a Deus sozinho ou a ele junto de Cristo como uma unidade. João, que é muito sensível ao contexto teológico da linguagem e, até mesmo, preparado para desafiar a gramática em nome da teologia (cf. 1:4), pode muito bem ter feito a segunda opção. Todavia, em ambos os casos, evidentemente, ele se mostra relutante em falar de Deus e Cristo juntos como uma pluralidade. Ele jamais os coloca como sujeitos de um verbo no plural ou usa um pronome no plural com a intenção de se referir a ambos. O motivo é bem claro: ele posiciona Cristo no lado divino da distinção entre Deus e a criação, mas evita falar de uma forma que soe politeísta. A consistência de sua aplicação mostra que ele refletiu cuidadosamente sobre a relação da cristologia com o monoteísmo. É interessante que uma das passagens sob análise (22:3,4) se refira novamente ao culto.

Nas passagens 5:8-14 e 22:3,4, a adoração é celeste e escatológica. A doxologia direcionada somente a Cristo em 1:5b,6, uma das três no NT (junto a 2Timóteo 4:18; 2Pedro 3:18), mostra que João e suas igrejas praticavam o louvor a Jesus. Com sua confissão de que a glória pertence eternamente àquele a quem se destina, as doxologias eram uma forma judaica de culto ao Deus único. Não poderia existir modo mais claro de atribuir a Jesus a adoração devida a Deus.

Existem bons indícios, além dos que encontramos em Apocalipse, de que o louvor a Jesus fazia parte da prática religiosa cristã primitiva desde uma data relativamente antiga e que se desenvolveu dentro do cristianismo judaico, no qual a consciência do vínculo entre o monoteísmo e a adoração era bem elevada.[4] Esse louvor não pode ser atribuído a uma negligência cristã gentia da exigência monoteísta: deve ser considerado um desenvolvimento interno da tradição do monoteísmo judaico, pelo qual, os cristãos judeus incluíram Jesus, de forma implícita, na realidade do Deus único. O autor de Apocalipse está dentro dessa tradição cristã e de uma estrutura de pensamento completamente judaica, refletindo, de modo intencional, sobre a relação da cristologia com o monoteísmo. Tanto na última seção quanto nesta, vimos evidências de que ele fez uma tentativa sofisticada de empregar uma linguagem que inclui Jesus no ser eterno de Deus sem sair do monoteísmo judaico que, para ele, era axiomático, pelo menos como parte da tradição profética e apocalíptica na qual, como profeta, ele se posiciona muito conscientemente. Ele não usa o conceito abstrato que alguns teólogos cristãos posteriores, tomando como base a filosofia grega, foram capazes de aplicar para defender que o Filho de Deus compartilha a natureza divina de seu pai. Ele nem mesmo usa a concepção judaica da sabedoria divina, pela qual, outros cristãos judeus incluíram Cristo no único ser divino. Seu idioma teológico é bem diferente e envolve a imagem apocalíptica do trono celeste, a prática do culto, a aplicação cuidadosa da gramática e os vínculos e as estruturas literárias em que, como artista literário, e não como filósofo, ele investiu a maior parte de sua expressão teológica.

[4]R. Bauckham, "Jesus, worship of", in: D. N. Freedman, org., *The Anchor Bible dictionary* (Garden City/ New York: Doubleday, 1992), vol. 3, p. 812-9; L. W. Hurtado, *One God, one Lord* (Philadelphia: Fortress, 1988).

Provavelmente, porque sua linguagem é tão diferente daquela da reflexão patrística posterior sobre a cristologia, a relevância de sua obra a esse respeito raramente foi reconhecida.

Na linguagem da doxologia a Cristo (1:5b,6) e do hino celestial ao Cordeiro, que se assemelha muito a ela (5:9,10), somos capazes de reconhecer ao menos parte do ímpeto que provavelmente deu origem à adoração de Jesus. Ele é enaltecido por sua obra de redenção. Foi porque os cristãos deviam a salvação a Jesus Cristo que ele foi adorado. Um enorme débito religioso com alguém que era considerado habitante do céu e uma presença realmente experimentada na comunidade cristã, manifestavam-se naturalmente no culto. A salvação estava muito intimamente ligada a Jesus para que ele fosse ignorado pela adoração oferecida a Deus por ela, mas ao mesmo tempo foi essa salvação de Deus que Cristo ofereceu. Portanto, Jesus não foi tratado como um objeto alternativo de louvor ao lado de Deus. Ele foi incluído no culto a Deus. De maneira mais geral, poderíamos afirmar que Jesus foi adorado porque *atuou* como Deus na religião cristã primitiva. Todas as funções divinas em relação ao mundo — como Salvador, Senhor e Juiz — foram exercidas por Jesus, evidentemente em nome de Deus. Aquele que age como Deus recebe naturalmente adoração divina. Dessa forma, é verdade que o culto ao Filho estava vinculado à divindade funcional, que muitas vezes é considerada o único tipo de divindade que o cristianismo judaico atribuiu a Jesus. Porém, subsiste a dúvida que, uma vez que Cristo fosse adorado, os monoteístas judeus pudessem se contentar por muito tempo com a divindade meramente funcional. Aquele que é digno do louvor devido unicamente a Deus deve, de algum modo, pertencer à realidade do único Deus.

É claro que o autor de Apocalipse chegou a esse pensamento. Embora seu relato da relação de Jesus com Deus continue próximo da preocupação religiosa básica com o relacionamento de Deus e Jesus com o mundo e não especule quanto à ideia de Deus existir de modo independente do mundo, a evidência que estudamos na última seção e na presente seção, deve equivaler a uma declaração da divindade ôntica de Cristo (ou seja, seu *ser* divino, e não meramente sua *função* divina). A razão pela qual João não emprega o termo "Deus" para referir-se a Jesus é a mesma que explica a lentidão desse uso em se tornar uma prática cristã definida. Ele não quer afirmar que Jesus é simplesmente, sem nenhuma distinção, o Deus que Jesus chamou de Deus e Pai (uma aplicação que João repete em 1:6; 2:28; 3:5,12,21), e também não parece falar de dois deuses. Entretanto, é igualmente fácil perceber que, com frequência, quando está falando mais deliberadamente sobre Deus, ele não o chama de "Deus". Ele diz muito mais sobre a divindade de Deus chamando-o de "o Alfa e o Ômega" do que de "Deus", e também se refere a Jesus como "o Alfa e o Ômega".

O QUE CRISTO FAZ, DEUS TAMBÉM FAZ

A importância da cristologia extraordinariamente profunda de João para a mensagem de Apocalipse é que ela deixa absolutamente claro que o que Cristo faz, Deus faz. Uma vez que Jesus compartilha o único ser eterno de Deus, o que se afirma que Cristo faz, na salvação e no julgamento, não é verdadeira e diretamente menos divino do que aquilo que se diz ser feito por "aquele que está sentado no trono".

Isso é facilmente visto no tocante à parúsia. Em nosso último capítulo, percebemos que, na designação de Deus como eterno em três tempos verbais — "aquele que é, que era e que há de vir" (1:4,8; veja 4:8) —, o futuro de Deus é deliberadamente expresso pelo verbo "vir" (*ho erchomenos*), concebido como sua vinda escatológica ao mundo em salvação e julgamento. Contudo, essa "chegada" de Deus para cumprir seus propósitos para sua criação é a chegada de Cristo. Para essa futura vinda do Filho em glória, Apocalipse não usa a palavra *parúsia*, que é comum em outras passagens do NT, mas o verbo "vir". A esperança e o aviso da vinda próxima de Jesus dominam o livro (1:7; 2:5,16; 3:3,11; 16:15; 22:7,12,20). O próprio Cristo declara sete vezes nesse livro: "Eu venho" (*erchomai*: 2:5,16; 3:11; 16:15; 22:6,12,20).

Seu julgamento em sua vinda pertence explicitamente a Deus. Por exemplo, Apocalipse 22:12 segue a prática cristã primitiva comum ao citar uma profecia do AT referente à vinda do Senhor em juízo (Isaías 40:10; 62:11) com referência à parúsia de Cristo, expandindo-a com o já bem conhecido princípio do julgamento divino ("retribuirá ele a cada um segundo o seu procedimento"), extraído aqui de Provérbios 24:12 (veja Mateus 16:27; *1Clem.* 34:3; *2Clem.* 17:4). Todavia, se o juízo de Cristo na parúsia é o julgamento divino, deve ser dito o mesmo de sua morte sacrificial, que veremos também é fundamental para a teologia de Apocalipse. Quando o Cordeiro que parecia ter estado morto é visto "no centro do" trono no céu (5:6; veja 7:17), o significado é que a morte sacrificial de Cristo *diz respeito à maneira de Deus governar o mundo*. O Cordeiro não é um símbolo divino menor do que o símbolo "aquele que está sentado no trono". No capítulo anterior, observamos o distanciamento de "aquele que está sentado no trono" no céu do mundo dominado pelos poderes malignos. Enquanto o mal domina a terra, Deus —como "aquele que está sentado no trono" — será retratado apenas no céu. Até os julgamentos, que são fruto de sua santa presença no céu e pretendem cumprir seu domínio na terra destruindo o mal, derivam dele apenas indiretamente, por meio de intermediários angelicais. Porém, se Deus não está presente no mundo como "aquele que está sentado no trono", *ele está* presente como o Cordeiro que vence pela dor. O testemunho do sofrimento de Cristo e a sua morte sacrificial são, de fato, como veremos, o evento mais importante, a vitória de Deus sobre o mal e o estabelecimento de seu reino na terra. Mais ainda do que os juízos que saem do trono celestial, eles constituem o governo de Deus no mundo. Além disso, a presença de Cristo (caminhando entre os candelabros, em 1:13; 2:1) junto de seu povo, que dá continuidade ao seu testemunho e ao seu sacrifício, também é a presença de Deus.

A cristologia de Apocalipse deve ser incorporada em nosso relato de sua concepção de Deus, complementando o capítulo anterior. Deus se relaciona com o mundo não só como o ser sagrado transcendente, mas também como o Cordeiro que foi morto.

CAPÍTULO • QUATRO

A VITÓRIA *do* CORDEIRO *e seus* SEGUIDORES

ESTATÍSTICAS

No segundo capítulo, vimos que as sete ocorrências das designações divinas em Apocalipse são a forma de João realçar seu significado. Vale a pena analisar as estatísticas de alguns títulos cristológicos, a fim de nos preparar para nosso estudo da obra de Cristo no Apocalipse.

O fato de a identificação de Cristo com Deus não implicar necessariamente a falta de importância de sua humanidade é indicado pelo uso de seu nome humano pessoal, Jesus. Isso acontece catorze vezes em Apocalipse, sete delas nas expressões "o testemunho de Jesus" [1:2,9; 12:17; 19:10 (duas vezes); 20:4] e "as testemunhas de Jesus" (17:6). Como veremos, o essencial quanto à humanidade de Cristo em Apocalipse é o testemunho que ele deu e que seus seguidores levam adiante.

O nome "Cristo" (Messias) aparece sete vezes (incluindo ocorrências de "Jesus Cristo"). Como perceberemos, a concretização da esperança judaica em Jesus como o Messias davídico é proeminente no livro de Apocalipse.

A palavra "Cordeiro" como referência a Cristo surge 28 (7x4) vezes. Sete delas estão em expressões que unem Deus e o Cordeiro

(5:13; 6:16; 7:10; 14:4; 21:22; 22:1,3). Depois do sete, o quatro é o algarismo simbólico mais comum e sistematicamente empregado em Apocalipse. Sete é o número da perfeição, enquanto quatro é o número do mundo [com seus quatro cantos (7:1; 20:8) ou quatro divisões (5:13; 14:7)]. Os primeiros quatro julgamentos em cada uma das séries de sete abalam o mundo (6:8; 8:7-12; 16:2-9). Portanto, as 7x4 ocorrências de "Cordeiro" indicam a dimensão universal de sua vitória completa. Isso corresponde ao fato de que a frase usada por João para designar todas as nações do mundo é *quádrupla* ("toda tribo, língua, povo e nação": a expressão varia a cada vez que aparece, mas é sempre quádrupla) e surge *sete* vezes (5:9; 7:9; 10:11; 11:9; 13:7; 14:6; 17:15). Sua primeira ocorrência já fortalece seu vínculo com a vitória do Cordeiro (5:9).

OS PRINCIPAIS TEMAS SIMBÓLICOS

A função de Cristo em Apocalipse é estabelecer o reinado de Deus na terra: nas palavras de 11:15, transformar "o reino do mundo" (atualmente dominado pelo mal) no "reino de nosso Senhor e seu Messias". Essa é uma missão de salvação e julgamento. Como veremos, essas são, inevitavelmente, as duas faces de uma mesma moeda. Além disso, é um processo que começa com sua vida e morte terrenas e se encerra com sua parúsia. A vitória que ele já alcançou em sua morte e ressurreição é decisiva, mas precisa ser continuada por seus seguidores cristãos no presente e deve ser concluída no futuro com a sua vinda. Será importante para nós distinguir essas três fases, bem como entender as interconexões entre elas. A fim de encontrar nosso caminho entre as imagens tão complexas pelas quais João manifesta sua compreensão da ação de Cristo, é útil reconhecer, de início, os três principais temas simbólicos — ou conjuntos de símbolos — que são usados em todos os três estágios da missão de Jesus. Cada um dos três nos permite ver a unidade essencial da ação de Cristo, da cruz à parúsia. A combinação dos três transmite a maior parte — se não o todo — da interpretação teológica própria de Apocalipse acerca da obra de Cristo.

O primeiro tema é o da *guerra messiânica*, que retoma a esperança judaica de um Messias que será descendente de Davi, ungido por Deus como rei e líder militar de seu povo. Ele travará uma guerra contra os opressores gentios, libertando Israel e estabelecendo o governo de Deus, que também é o governo do Messias e do povo de Deus, Israel, sobre as nações do mundo.[1] Essencial para essa concepção é notar que o Messias não realiza a guerra por conta própria: ele lidera o exército de Israel contra seus inimigos. Muitas profecias do AT eram geralmente interpretadas pelos judeus do primeiro século como referências a esse tão esperado Messias de Davi. Obviamente, a identificação de Jesus com esse Messias davídico era muito comum no cristianismo primitivo. Isso é fundamental em Apocalipse, em parte porque, para João, como um profeta cristão judeu, é um dos modos pelos quais ele une as esperanças da tradição profética do AT em sua própria visão escatológica centrada em Jesus. Ademais, também é importante por retratar uma figura que estabelecerá o reino de Deus na terra, derrotando os poderes pagãos que se opõem ao governo de Deus. Como observaremos, João reinterpreta, de forma cautelosa, a tradição. Seu Messias Jesus não conquista sua vitória por ação militar, e aqueles que compartilham seu triunfo e seu governo não são o Israel nacional, mas o povo internacional de Deus. Entretanto, ainda é uma vitória sobre o mal, alcançada não só na esfera espiritual, mas também na esfera política contra os poderes do mundo, a fim de estabelecer o reino de Deus na terra. Como a esperança pelo Messias de Davi era por tal vitória de Deus sobre o mal, Apocalipse retrata a obra de Jesus em continuidade com a esperança judaica tradicional.

---

[1]Sobre a guerra messiânica, veja E. Schürer, *The history of the Jewish people in the age of Jesus Christ*, ed. rev. G. Vermes; F. Millar; M. Black (Edinburgh: T. & T. Clark, 1979), vol. II, p. 517-35; M. Hengel, *The zealots* (Edinburgh: T. & T. Clark, 1989), p. 271-319; A. Yarbro Collins, "The political perspective of the revelation to John", *JBL* 96 (1977): 241-56; R. Bauckham, "The Book of Revelation as a Christian war scroll", *Neot, 22* (1988): 17-40, que se torna o capítulo 8 em Bauckham, *The climax of prophecy*.

A importância do messianismo davídico em Apocalipse pode ser aferida pelo fato de que, ao lado das duas autodeclarações de Cristo que já conhecemos (1:17,18; 22:13), existe ainda uma terceira: "Eu sou a Raiz e o Descendente de Davi, e a resplandecente Estrela da Manhã" (22:16). O primeiro desses dois títulos aparece em Isaías 11:10 ("a Raiz de Jessé") e é usado para o Messias de Davi (a palavra "descendente" interpreta o significado de "raiz", atribuindo-lhe corretamente o mesmo sentido de "ramo" ou "renovo" de Isaías 11:1, que, em geral, era mais usado como uma designação messiânica). O segundo título se refere à estrela de Números 24:17, que, no contexto de 24:17-19, era entendida como um símbolo do Messias que derrotaria os inimigos de Israel. A expressão "raiz de Davi" é encontrada também em Apocalipse 5:1, ao lado de outro título que traz à mente a imagem do Messias real que vencerá as nações pela violência militar: "o Leão de Judá" (veja Gênesis 49:9; *4Esdras* 12:31,32). Outras menções ao Messias de Isaías 11, uma passagem essencial para esse messianismo, são a espada afiada que sai da boca de Cristo (1:16; 2:12,16; 19:21), com a qual ele fere as nações (19:15; veja Isaías 11:4; 49:2) e a declaração de que ele julga com justiça (19:11; veja Isaías 11:4).

Na perspectiva de João, um dos textos principais do AT, com alusões que se estendem por todo Apocalipse, é o salmo 2, que apresenta "as nações" e "os reis da terra" conspirando para se rebelar contra "o Senhor e seu ungido" (v. 1-2). O Messias é o filho de Deus (v. 7), que ele estabelece como rei no monte Sião (v. 6), a fim de resistir e vencer as nações rebeldes. Deus promete a esse Messias real que lhe dará as nações como herança (v. 8) e que ele as quebrará violentamente com uma vara de ferro (v. 9). As menções a esse relato da vitória de Cristo sobre os povos são encontradas em Apocalipse 2:18,26-28; 11:15,18; 12:5,10; 14:1; 16:14,16; 19:15. Segundo o que está claro no salmo, nota-se que João adiciona o exército do Messias (com ele no monte Sião, em 14:1), que compartilhará sua vitória (2:26,27). É provável que a expressão "os reis da terra" usada por João como termo padrão para os poderes políticos opostos a Deus que Cristo subjugará também venha do salmo (1:5; 6:15; 17:2,18; 18:3,9; 19:19; 21:24; veja 16:14).

Igualmente resultante desse messianismo militante é o conceito básico de conquista de Apocalipse, aplicado tanto ao próprio Messias (3:21; 5:5; 17:14) quanto ao seu povo, que faz parte de sua vitória (2:7,11,17,28; 3:5,12,21; 12:11; 15:2; 21:7). Mais uma vez, notamos a importância do exército de Cristo em Apocalipse. É inegável que a imagem da conquista é militarista, embora os intérpretes apocalípticos nem sempre façam justiça a isso. Está intimamente ligada à linguagem da batalha (11:7; 12:7,8,17; 13:7; 16:14; 17:14; 19:11,19) e é notável que não só os seguidores de Cristo derrotam a besta (15:2), mas também que ela os derrota (11:7; 13:7), de maneira que essa é, evidentemente, uma guerra na qual os inimigos de Jesus têm suas vitórias, ainda que o triunfo final seja dele. Temos de observar, igualmente, que a terminologia da conquista é usada em todas as três fases da obra de Cristo: ele venceu em sua morte e ressurreição (3:21; 5:5), seus seguidores venceram no tempo antes do final (12:11; 15:2) e ele vencerá na parúsia (17:14). Dessa forma, é evidente que o panorama da guerra messiânica destrincha todo o processo de estabelecimento do reino de Deus como Apocalipse o apresenta. A aplicação dessa imagem no livro de Apocalipse incorpora a mudança fundamental da perspectiva temporal da escatologia judaica para a judaico-cristã. Essa guerra não é puramente futura. Na verdade, o triunfo decisivo já foi alcançado por Cristo. Seus discípulos são convocados a dar continuidade à luta no presente. A vitória final ainda está à espera no futuro.

O segundo dos três maiores temas simbólicos é o *êxodo escatológico*. Uma vez que o Êxodo foi o principal evento de salvação na história de Israel, em que Deus libertou seu povo da opressão no Egito, destruiu seus adversários, fez deles o seu povo de propriedade exclusiva e os conduziu à independência teocrática em uma terra própria, tornou-se, naturalmente, o modelo para as esperanças proféticas e apocalípticas de outro evento importante relacionado à salvação no futuro. Em algum apocalíptico judeu, a intervenção escatológica de Deus — o momento em que ele, finalmente, julgará os poderes malignos e trará a salvação definitiva ao seu povo — foi concebida como um êxodo escatológico, superando o primeiro êxodo, uma vez que a escatologia supera a história.[2] Traços de uma interpretação da obra salvífica de Jesus como responsável pelo êxodo escatológico podem ser encontrados em muitas passagens do NT, mas é Apocalipse que desenvolve essa ideia com maior profundidade.

A imagem central nesse conjunto é a de Jesus como o Cordeiro pascal (apresentado pela primeira vez em 5:6,9,10). Com base principalmente em 5:9,10, fica evidente que, em Apocalipse, a figura do Cordeiro se refere ao cordeiro sacrificado na Páscoa. Ali, diz-se que, com seu sangue, ele "comprou" um povo e o constituiu "reino e sacerdotes para o nosso Deus". A última frase ecoa as palavras já bem conhecidas da aliança do Sinai (Êxodo 19:5,6), em que Deus transformou o povo que ele tirou do Egito em seu próprio povo. A libertação que Deus deu ao seu povo levando-o para fora do Egito foi muitas vezes referida como um resgate da escravidão para que aquele povo passasse a ser seu povo peculiar (p. ex., Deuteronômio 7:8; 13:5), e a mesma ilustração poderia ser utilizada como referência ao novo êxodo do futuro (Isaías 35:10; 51:11). Quando Apocalipse trata o sangue do Cordeiro como o preço da redenção, isso vai muito além da função do sangue do Cordeiro pascal no êxodo (cf. Êxodo 12:12,23). Além disso, esse animal não desempenhou papel algum na expectativa judaica de um novo êxodo. Contudo, é provável que, em Apocalipse 5:6,9, a alusão de João seja não só ao Cordeiro pascal, mas também a Isaías 53:7, passagem em que o servo sofredor é retratado como uma ovelha sacrificial.[3] Ele pode muito bem ter vinculado esse versículo à nova linguagem do êxodo de Dêutero-Isaías, vendo o servo oprimido de Isaías 53 como o cordeiro pascal do novo êxodo.

[2]Isaías 11:11—12:6; 43:14-21; 51:10,11; *1Enoque* 1:4; 1QM 1-2; *Ap. Abr.* 30:2—31:1; veja Josefo, *Ant.* 20:97-8; *Vida prof.* 2:11-19; 12:12,13.

[3]Veja menções a Isaías 53 com referência à paixão de Cristo em outras partes do NT, espec. Lucas 22:37; Hebreus 9:28; 1Pedro 2:22.

De qualquer modo, é a função principal que a morte de Jesus teve na compreensão cristã da redenção que explica a centralidade do Cordeiro no uso do novo motivo do êxodo pelo Apocalipse.

Em 15:2-4, os mártires cristãos, vitoriosos no céu, são vistos como o povo do novo êxodo, em pé ao lado de um mar Vermelho celestial pelo qual passaram, e entoando uma versão do cântico de louvor a Deus que Moisés e o povo de Israel entoaram depois que Deus os libertou de Faraó no mar Vermelho (Êxodo 15). Além disso, as pragas, que são o juízo de Deus em relação a seus inimigos nesse cenário (15:1,5—16:21), são moldadas segundo as pragas do Egito na época do êxodo. No capítulo 2, já observamos que o julgamento final dessa série está ligado a uma lembrança da teofania do Sinai (16:18). Outras alusões às narrativas do êxodo estão em 11:6, em que a atividade das duas testemunhas é, em parte, baseada em Moisés e nas pragas do Egito, e 11:8, passagem em que um dos nomes proféticos da grande cidade na qual as testemunhas são martirizadas é Egito. Por sua vez, em 2:14, os falsos mestres da igreja em Pérgamo, que tentam convencer os cristãos a se comprometer com o paganismo, são comparados a Balaão, o falso profeta responsável pela sedução dos israelitas para a idolatria, levando-os ao fracasso em não atingir o objetivo do êxodo: entrar na terra prometida.

Assim como acontece com a guerra messiânica, o emprego que João faz das imagens do novo êxodo mostra que, em sua perspectiva, o evento escatológico decisivo já aconteceu: o novo Cordeiro pascal foi morto e resgatou um povo para Deus. O objetivo do novo êxodo ainda será alcançado, quando o povo de Cristo reinar com ele como sacerdotes na terra (20:4-6; 22:3-5), conquistando sua independência teocrática na Terra Prometida. Todavia, o novo êxodo de Apocalipse não segue, de forma sistemática, a sequência da narrativa do AT. As imagens são apresentadas de maneira flexível — em termos literais, de forma incongruente —, com a intenção de representar todas as três fases da obra de Cristo como Apocalipse a retrata.

O terceiro tema utilizado para caracterizar a missão de Cristo é o testemunho. O próprio Jesus é "a testemunha fiel e verdadeira" (3:14; veja 1:5). O título diz respeito especialmente ao testemunho que Jesus deu a Deus durante sua existência na terra e à sua fidelidade em mantê-lo, mesmo que isso tenha custado sua vida. O termo "testemunha" (*martys*) ainda não carrega, em Apocalipse, o sentido técnico cristão de "mártir" (aquele que testifica morrendo pela fé). Não se refere à morte como testemunho, mas ao testemunho verbal da verdade de Deus (veja a associação da testificação com "a palavra de Deus": 1:2,9; 6:9; 20:4; veja tb. 12:11), ao lado da obediência viva aos seus mandamentos (veja a ligação da testificação com a observância dos mandamentos: 12:17). Porém, está implícito que um testemunho fiel implicará oposição e levará à morte (2:13; 11:7; 12:17). A sequência de títulos em 1:5 sugere que o testemunho de Jesus o levou à morte.

A obra testificadora de Cristo é continuada por seus seguidores, que não são chamados apenas de suas testemunhas (17:6; veja 2:13), mas também são considerados "o testemunho de Jesus" (12:17; 19:10), que é o mesmo que seu próprio testemunho (6:9; 12:11). O testemunho de Jesus não significa "testemunho para Jesus", mas o testemunho que o próprio Cristo testificou e que seus seguidores fiéis levam adiante. É principalmente o testemunho de Jesus e de seus discípulos acerca do Deus verdadeiro e de sua justiça que expõe a falsidade da idolatria e o mal daqueles que cultuam a besta. Esse tema está vinculado à principal preocupação de Apocalipse: a verdade e a mentira. O mundo é uma espécie de tribunal em que a questão de quem é o verdadeiro Deus está sendo decidida. Nesse debate judicial, Jesus e seus seguidores testificam a verdade. Na conclusão, seu testemunho é julgado correto e se torna a evidência com que a decisão é tomada contra aqueles que se recusaram a aceitar sua verdade: a besta e seus adoradores. Dessa forma, no terceiro estágio da obra de Cristo — sua parúsia —, a testemunha torna-se o juiz. Aquele que foi fiel e verdadeiro como testemunha (3:14), agora é chamado fiel e verdadeiro em sua atividade de julgamento (19:11).

Se o título "a testemunha fiel" (1:5) com referência a Cristo é baseado em Salmos 89:37, há uma conexão com o messianismo davídico, mas João certamente desenvolveu o tema do testemunho como uma questão por direito próprio, uma imagem judicial ao lado da imagem militar da guerra messiânica que ele também usa. A abordagem que ele faz desse assunto pode ter sido inspirada nas profecias de Dêutero-Isaías. Elas retratam uma disputa judicial em que a afirmação de Iavé de ser o único Deus verdadeiro, o Criador e Senhor da história, é vindicada contra os deuses das nações. Nesse contexto, o povo de Israel torna-se "minhas testemunhas" (Isaías 43:10,12; 44:8), chamado para dar testemunho a todos os povos de que somente Iavé é o verdadeiro Deus e Salvador. Os temas são próximos aos de Apocalipse, em que, como veremos, a ênfase está no papel da igreja em dar testemunho a todas as nações (e contra as declarações idólatras da besta) de que Deus é o único Deus verdadeiro.

A MORTE DE CRISTO

A convicção de que, em sua morte e ressurreição, Jesus já conquistou a vitória decisiva sobre o mal é fundamental para todo o entendimento de Apocalipse do modo de Cristo estabelecer o reino de Deus na terra. Essa certeza é retratada no capítulo 5, que é a continuação da visão fundamental do governo de Deus no céu no capítulo 4. Após a revelação da soberania de Deus no céu, que estudamos no segundo capítulo, surge a questão de como sua soberania se tornará efetiva na terra. João vê, à destra daquele que está sentado no trono, um livro em forma de rolo selado (5:1). Esse rolo contém o propósito secreto de Deus para o estabelecimento de seu reino. Seu conteúdo é realmente o que será revelado a João como a essência de sua profecia às igrejas. Entretanto, está determinado que apenas uma pessoa está qualificada a abrir o livro e divulgar seu conteúdo. Identificaremos, mais adiante, o teor do pergaminho. No momento, nosso interesse é naquilo que qualifica Jesus Cristo como o único que pode abri-lo.

A chave para a visão joanina do Cordeiro morto (5:6) é reconhecer o contraste entre o que ele ouve (5:5) e o que ele enxerga (5:6). Ele ouve: "Eis que o Leão da tribo de Judá, a Raiz de Davi, venceu". Os dois títulos messiânicos evocam uma imagem profundamente militarista e nacionalista do Messias de Davi como conquistador das nações, destruindo os inimigos do povo de Deus (veja, p. ex., 1QSb 5:20-9). Contudo, essa figura é reinterpretada pelo que João vê: o Cordeiro cuja morte sacrificial (5:6) redimiu pessoas de todos os povos (5:9,10). Ao justapor as duas imagens contrastantes, João forjou um novo símbolo de triunfo pela morte sacrificial. As esperanças messiânicas mostradas em 5:5 não são repudiadas: Jesus é realmente o tão esperado Messias de Davi (22:16). Todavia, uma vez que este último foi vinculado à violência militar e ao nacionalismo estrito, é reinterpretado pela figura do Cordeiro. Certamente, Cristo obteve uma vitória, mas o fez por meio de sacrifício e em benefício de pessoas de todas as nações (5:9). Dessa maneira, o meio pelo qual o Messias davídico alcançou seu triunfo é explicado pela imagem do Cordeiro, enquanto seu significado está agora exposto no fato de que sua morte sacrificial foi uma vitória sobre o mal.

Quem ou o que o Cordeiro venceu, não é esclarecido (cf. 3:21), embora seja provável que vejamos a derrota de Satanás por Miguel, apresentada em 12:7-9, como um símbolo da vitória de Cristo. O objeto da conquista permanece indefinido no capítulo 5, a fim de que o triunfo seja ilimitado em seu alcance. Temos de entender que tudo o que se opõe ao domínio de Deus foi vencido por Jesus. Em consequência, a aclamação ao Cordeiro vitorioso se amplia — como uma antecipação aos frutos escatológicos de sua vitória — para incluir toda a criação na adoração daquele que está sentado no trono junto ao Cordeiro (5:13). A vitória contínua e definitiva de Deus sobre o mal, que o restante de Apocalipse apresenta, não é mais do que a concretização do triunfo decisivo de Cristo na cruz.

No entanto, é com a vitória do Cordeiro como base dessa obra que João está mais preocupado. Ele conclui que a morte sacrificial de Cristo libertou os cristãos do pecado (1:5) e os tornou o povo escatológico de Deus (1:5; 5:9,10). No contexto de Apocalipse, o importante em relação à igreja — já constituída "reino e sacerdotes para o nosso Deus" (5:10) — é a função que ela cumprirá na vinda universal do reino. O estabelecimento do governo de Deus na terra já presente na igreja não pode, na perspectiva universal de Apocalipse, ser o objetivo final do triunfo de Jesus. Enquanto os poderes malignos que se opõem a Deus ainda dominam a terra, essa conquista não alcançou seu propósito. Contudo, aqueles que, em decorrência disso, já reconhecem a soberania de Deus desempenham, como veremos mais adiante, papel indispensável na plena concretização da vitória do Cordeiro.

No capítulo 5, a obra de Cristo já realizada é descrita na combinação das duas motivações da guerra messiânica e do novo êxodo. O terceiro maior motivo, representando Jesus como a testemunha fiel, não está explicitamente relacionado a eles no que se refere à representação da obra passada de Cristo. Entretanto, podemos ver a relação dos três no que é dito acerca de como os cristãos compartilham a vitória de Cristo sobre Satanás:

> Eles o venceram [Satanás] pelo sangue do Cordeiro e pela palavra do testemunho que deram; diante da morte, não amaram a própria vida (12:11).

O versículo inteiro exige que a expressão "sangue do Cordeiro" não seja uma referência puramente à morte de Cristo, mas também aos mártires cristãos, que, seguindo o exemplo de Jesus, dão testemunho, ainda que isso custe suas vidas.[4] Entretanto, esse testemunho, mesmo na medida da morte, não tem valor próprio e independente, seu valor depende de ser uma continuação do testemunho do Cordeiro. Portanto, sua conquista se dá por meio do sangue do Cordeiro. A morte deles derrota Satanás simplesmente porque participa da vitória que Jesus alcançou sobre ele com sua morte. Essa explicação de 12:11 já nos levou à segunda fase da obra de Cristo — que é continuada por seus seguidores —, mas mostra que o elemento do testemunho fiel é fundamental para

[4]Para essa interpretação, veja H. B. Swete, *The Apocalypse of St. John*, 2. ed. (London: Macmillan, 1907), p. 156; G. B. Caird, *The Revelation of St. John the Divine* (London: A. & C. Black, 1966), p. 156-7.

o entendimento de como o triunfo de Cristo pode ter efeito por meio do discipulado fiel de cristãos no mundo.

O EXÉRCITO DE MÁRTIRES

Quando a conquista de Cristo é descrita e explicada em 5:5-9, os leitores e ouvintes de Apocalipse já sabem que se espera que os cristãos vençam como Cristo venceu. Cada uma das mensagens enviadas às sete igrejas, nos capítulos 2 e 3, incluiu uma promessa de recompensa escatológica "ao vencedor" (2:7,11,17,26-28; 3:5,12,21), e a última delas, estrategicamente inserida com o objetivo de antecipar 5:5,6, diz: "Ao vencedor darei o direito de sentar-se comigo em meu trono, assim como eu também venci e sentei-me com meu Pai em seu trono" (3:21). Deparamos com esses seguidores vitoriosos de Jesus pela primeira vez no capítulo 7, que dá continuidade ao tema da guerra messiânica, apresentando-os como o exército do Messias davídico.[5]

A passagem 7:4-14 adota o mesmo recurso empregado em 5:5,6: o de contrastar o que João ouve (7:4), com o que ele vê (7:9). Os 144 mil das doze tribos de Israel (7:4-8) são contrapostos com a multidão incontável de todos os povos (7:9), ainda que ambas as imagens retratem a mesma realidade. São paralelos às duas figuras divergentes de Cristo em 5:5,6: os 144 mil israelitas são os seguidores do Messias davídico, o Leão de Judá (perceba que a tribo de Judá aparece em primeiro lugar), enquanto a multidão inumerável é o povo do Cordeiro que foi morto, resgatado de todas as nações (5:9). Assim como a expectativa do Messias davídico foi reinterpretada por meio da representação bíblica do Cordeiro pascal, a imagem puramente nacionalista de seus seguidores é reinterpretada por uma figura tirada das promessas escriturísticas aos patriarcas. Segundo estes, os descendentes dos patriarcas seriam muito numerosos (Gênesis 13:16; 15:5; 32:12). Desse modo, não pela grande quantidade de cristãos no final do primeiro século, mas

[5]Para o argumento dessa seção de forma mais detalhada, veja Bauckham, "The Book of Revelation as a Christian war scroll" (n. 1).

por causa da fé de João no cumprimento de todas as promessas de Deus por meio de Cristo, a igreja é apresentada como um grupo incalculável de todos os povos.

No entanto, há mais um contraste entre os 144 mil israelitas e a multidão inumerável que torna o paralelo com 5:5,6 exato. Os 144 mil são um exército, o que está implícito no fato de que 7:4-8 é um censo das tribos de Israel. No AT, um censo era sempre um cálculo da força bélica da nação, em que unicamente os homens em idade militar eram contados. Os doze contingentes iguais das doze tribos são o exército de todo o Israel, reunido nos últimos dias segundo a esperança escatológica tradicional, sob a liderança do Leão de Judá, com o propósito de destruir os opressores gentios de Israel. Contudo, todas as pessoas que celebram sua vitória no céu, atribuindo-a a Deus e ao Cordeiro (7:9,10), "lavaram as suas vestes e as branquearam no sangue do Cordeiro" (7:14). Isso significa que são mártires, que triunfaram participando — por meio da própria morte — da morte sacrificial do Cordeiro. Sabe-se que a maioria dos comentaristas entende 7:14 como uma referência à redenção dos cristãos do pecado por intermédio do Cordeiro, mas já vimos que a menção ao sangue do Cordeiro, em 12:11, provavelmente diz respeito ao martírio. Uma vez que 7:14 faz referência a uma ação a que os seguidores de Cristo estão sujeitos, é paralelo a 12:11, enquanto, nas referências à redenção dos cristãos pelo sangue de Jesus, eles são os objetos de sua ação (1:5; 5:9).

Dessa maneira, assim como 5:5,6 apresenta Jesus como o Messias que alcançou vitória, embora o tenha feito por meio da morte sacrificial e não por força militar, a passagem 7:4-14 apresenta seus discípulos como o povo de Cristo que compartilha de sua vitória e que o faz da mesma forma, por meio da morte sacrificial, e não da violência militar. Essa interpretação é confirmada por 14:1-5, passagem em que os 144 mil surgem novamente. Os capítulos de 12 a 14 retratam os combatentes na guerra messiânica. Nos capítulos 12 e 13, o dragão, a besta e a segunda besta são mostrados guerreando com sucesso contra o povo de Deus (12:17; 13:7).

Todavia, em 14:1, o Cordeiro e seu exército se opõem a eles no Monte Sião, o lugar do triunfo do rei messiânico sobre as nações hostis (Salmos 2:6). A referência muito mal interpretada à virgindade dos 144 mil (14:4a) diz respeito à imagem de uma tropa. Os seguidores de Cristo são simbolizados como um exército de homens adultos que, seguindo o antigo requisito de pureza ritual em relação àqueles que lutam a guerra santa (Deuteronômio 23:9-14; 1Samuel 21:5; 2Samuel 11:9-13; 1QM 7:3-6), deve evitar a impureza cultual decorrente das relações sexuais. Essa pureza ritual remete à figura de uma tropa: seu equivalente literal no ideal de igreja de João não é o ascetismo sexual, mas a pureza moral. Porém, assim como a combinação das imagens militarista e sacrificial de Cristo em 5:5,6, a figura de uma tropa muda para a do sacrifício em 14:4b-5 e, com ela, a representação da pureza ritual do exército do Senhor se torna a perfeição exigida em uma oferta de sacrifício. A palavra que a New Revised Standard Version traduz por "imaculado" (*amōmoi*) é a terminologia cultual para a perfeição física necessária para que um animal seja aceitável ao sacrifício (Êxodo 29:38; Levítico 1:3; 3:1).

A imagem cultual, então, é traduzida em seu equivalente literal: "Mentira nenhuma foi encontrada em suas bocas" (14:5). Isso se refere ao tema da verdade e da falsidade, que é tão importante em Apocalipse e traz à tona o terceiro motivo que domina seu relato acerca da obra de Cristo: o testemunho fiel da verdade. Entretanto, ao usar as palavras "mentira nenhuma foi encontrada em suas bocas", João também ecoa textos significativos do AT, como Sofonias 3:13, que afirma, em relação ao povo escatológico de Deus, que "eles não mentirão, nem se achará engano em suas bocas", e Isaías 53:9, que declara do servo sofredor que "como um cordeiro, foi levado para o matadouro" (53:7), e que não havia "qualquer mentira em sua boca". João explora (no contexto da exegese judaica) a coincidência entre esses textos. Os discípulos de Cristo se parecem com ele pois "seguem o Cordeiro por onde quer que ele vá" (14:4). Seguir significa imitar tanto sua veracidade na condição de "testemunha fiel" quanto a morte sacrificial a que isso o conduziu. Desse modo, o triunfo do exército do Cordeiro é a vitória do testemunho verdadeiro mantido até a morte sacrificial. Assim como em 12:11, as três imagens da guerra messiânica, do sacrifício pascal e do testemunho fiel se unem e se interpretam mutuamente.

Voltando ao capítulo 7, no qual a vitória dos seguidores do Cordeiro por meio do martírio é retratada pela primeira vez, vale ressaltar seu lugar na estrutura das visões. As aberturas de selos aparecem entre o sexto e o sétimo da primeira série de sete julgamentos. A abertura do sexto selo parece antecipar a chegada imediata do juízo final (6:12-17), mas este é adiado enquanto os servos de Deus são selados (7:1-3), uma imagem que remete ao fato de eles serem marcados para o martírio. Agora podemos ver como o capítulo 7 está relacionado aos julgamentos das aberturas de selos. Quando o quinto selo é aberto, os mártires do passado pedem que seu sangue seja vingado e são informados de que precisam esperar até que o restante do grupo de mártires cristãos esteja completo. Em outras palavras, o juízo final sobre os ímpios, que vingará esses mártires, é adiado até que todos os seguidores de Cristo tenham sofrido o martírio. Por isso sua vitória é retratada em um interlúdio entre a sexta e a sétima aberturas dos selos. Podemos esperar encontrar mais uma explicação do mesmo assunto no intervalo correspondente na próxima série de julgamentos: entre a sexta e a sétima trombetas.

Qual é o significado do martírio? Em que sentido ele pode ser considerado uma continuação da obra de Cristo por seus discípulos, uma concretização da vitória que ele alcançou com sua morte? Lendo apenas até o sétimo capítulo, parece que o martírio só existe por causa dos próprios mártires. Analisando a ilustração do novo êxodo em seu sentido mais óbvio, parece que o povo de Deus, redimido de todas as nações para ser seu próprio povo (5:9), é libertado do mundo mau por meio do martírio. Eles triunfam no céu enquanto seus inimigos na terra estão condenados ao juízo final. O julgamento foi adiado somente para que possam escapar dele por intermédio do martírio. Isso é tudo que o relato de João — incluindo o capítulo 7 — nos informa. Contudo, até agora, o verdadeiro segredo do propósito de Deus para a função da igreja no estabelecimento de seu reino na terra não lhe foi revelado. Isso só acontece no interlúdio entre o sexto e o sétimo julgamentos da série de trombetas (10:1—11:13).

O PERGAMINHO NÃO SELADO

Precisamos voltar ao rolo que o Cordeiro, graças à sua vitória, é declarado digno de abrir (5:1-9).[6] Esse pergaminho revelará o caminho pelo qual, conforme o até então secreto propósito de Deus, a vitória de Cristo se tornará efetiva no estabelecimento do governo de Deus sobre o mundo. Apenas ele pode abrir o livro e revelar seu conteúdo, pois é seu triunfo que torna possível o cumprimento do propósito divino ali contido. Como veremos mais adiante, o rolo revelará mais especificamente como os seguidores de Jesus participam da vinda do reino de Deus, seguindo-o em testemunho, sacrifício e vitória. Porque o Cordeiro venceu, é ele quem pode revelar como seus discípulos também devem vencer.

O rolo é selado com sete selos (5:1), e o Cordeiro os abre, um a um, no trecho que vai de 6:1 a 8:1. Todavia, os eventos que se dão na abertura desses selos não são, como os intérpretes de Apocalipse tantas vezes supõem, o conteúdo do pergaminho. Seria um livro muito estranho, e seu teor poderia ser apresentado aos poucos, pela abertura de uma série de selos. Os acontecimentos das sete aberturas apenas acompanham as aberturas dos selos. A revelação dos selos, um a um, é um recurso literário que permite a João narrar uma sequência de visões que *preparam para* a revelação do conteúdo do rolo. Nem os sete julgamentos que seguem as aberturas dos selos, nem os sete toques de trombeta que estão intimamente conectados à exposição do sétimo selo final (cf. 8:16), são o conteúdo do pergaminho.

O livro em si, agora aberto, reaparece em 10:2,8-10. A maioria dos intérpretes foi enganada pela palavra usada em 10:2,9,10 (*biblaridion* é diminutivo na estrutura, mas, assim como muitas formas diminutivas no grego dessa época, não precisa diferir no

[6]Para o argumento dessa seção e da próxima em maiores detalhes, veja o cap. 9 ("The conversion of the nations") em Bauckham, *The climax of prophecy*.

significado de *biblion*, que é usado em 5:1-9; 10:8) e deduziu que o rolo do capítulo 10 seria diferente daquele que é abordado no capítulo 5. Porém, João indica cuidadosamente sua identidade.[7] O anjo que traz o pergaminho do céu (10:1,2) é chamado de "outro anjo poderoso" (10:1), a fim de indicar uma ligação literária com 5:1-9, passagem em que o primeiro "anjo poderoso" é citado (5:2). De forma mais significativa, João segue de perto, ao longo dos capítulos 4, 5 e 10, a primeira visão do livro de Ezequiel (Ezequiel 1:1—3:11). Como Ezequiel, ele tem uma visão do trono divino (Apocalipse 4; veja Ezequiel 1) que o prepara para a comunicação de uma mensagem profética ao profeta. A descrição joanina do livro nas mãos de Deus (5:1) toma como modelo definição semelhante à de Ezequiel (Ezequiel 2:9,10). No caso deste último, o próprio Deus abre o rolo (2:10) e o entrega ao profeta com a ordem para comê-lo (3:1,2). A ingestão do pergaminho pelo profeta simboliza a absorção da mensagem divina que ele deve comunicar. Quando Ezequiel o come, sente que é doce como mel em sua boca (Ezequiel 3:3). Em Apocalipse, as menções a essa passagem do AT começam, como acabamos de mostrar, em 5:1, e continuam em 10:2,8-10, quando um anjo oferece o livro aberto a João e ele o ingere, e, em sua boca, é doce como mel, embora, em seu estômago seja amargo. A diferença entre Ezequiel e Apocalipse está na abertura do rolo. No segundo, o rolo deve ser aberto pelo Cordeiro antes de ser entregue a João para que o coma. Assim, o pergaminho é tirado das mãos de Deus por Cristo (5:7), que o abre (6:1,3,5,7,9,12; 8:1), e então é levado do céu à terra por um anjo (10:1,2) que o entrega ao apóstolo para que o coma (10:8-10).

Essa cadeia de revelação, que vai de Deus a João, corresponde exatamente a 1:1, que afirma que a revelação contida no livro foi dada por Deus a Jesus para mostrá-la aos seus servos, enviando o

[7]Esse ponto é sustentado, de maneira convincente, por F. D. Mazzaferri, *The genre of the Book of Revelation from a source-critical perspective* (Berlin/ New York: De Gruyter, 1989), p. 265-79.

seu anjo ao seu servo João (veja tb. 22:16). Agora entendemos por que o anjo, que supostamente é um elo necessário nessa corrente de revelação, não aparece na obra até 10:1. Até o capítulo 10, o teor principal da revelação profética que o apóstolo comunica em seu livro não é dado a ele. Tudo o que precede é preparatório e necessário à compreensão dessa revelação, mas não a revelação em si. Reconhecer isso é um fator essencial, embora negligenciado, para a compreensão do livro de Apocalipse.

A comunicação do conteúdo do rolo a João ocorre como a primeira parte do intervalo estendido entre os toques da sexta e da sétima trombetas (10:1—11:13). É necessário enfatizar que os marcadores em 9:12 e 11:14 relacionam esse interlúdio firmemente com a sexta trombeta, e não com a sétima. Por que o pergaminho foi entregue a João nesse ponto, próximo ao fim da segunda série de sete julgamentos? No capítulo 2, percebemos que todas as três sequências de julgamentos estão intimamente ligadas à visão de Deus, como soberano e santo, em Apocalipse 4. Elas trazem a santa vontade de Deus sobre o mundo perverso. Entretanto, os juízos — incluindo o da sexta trombeta — são totalmente limitados (veja 6:8; 8:7-12; 9:5,15,18). Cumprem a função de advertência e destinam-se a levar a humanidade ao arrependimento. Em 9:20,21, imediatamente antes do interlúdio, lemos a afirmação clara de que eles não surtem esse efeito. Aqueles que sobrevivem aos julgamentos não se arrependem. Está implícito que os julgamentos, por si sós, não conduzem ao arrependimento e à fé.

Por isso, no começo do interlúdio, uma nova série de julgamentos — os sete trovões (10:3,4) — é proposta aparentemente apenas para ser revogada. Ao contrário do livro, eles devem permanecer selados, e João não pode escrever seu conteúdo em sua profecia (10:4). Em outras palavras, o processo de juízos de advertência, cada vez mais rigoroso, não será mais estendido. Isso não significa que a paciência de Deus tenha chegado ao fim, mas que esses julgamentos não resultam em arrependimento. Dessa maneira, o conjunto de juízos que afetam um quarto da terra (6:8) e aquele que afeta um terço (8:7-12; 9:15,18) não são, como poderíamos esperar, seguidos por uma sequência que afeta metade da terra. Sem dúvida, os sete trovões estariam entre essas séries. Contudo, agora haverá apenas o julgamento final , a sétima trombeta (10:7). Quando o conteúdo dessa trombeta é apresentado em detalhes como as sete taças (15:1), esses julgamentos não são limitados, mas totais (16:2-21), realizando a destruição final do impenitente.

Se os sete trovões não acontecerem e, portanto, permanecerem selados (10:4), o que *é* revelado a João é o teor do livro. Esse é o propósito de Deus — que, até agora, não foi revelado — para alcançar o que os julgamentos sozinhos não conseguiram: o arrependimento do mundo. Após comer o livro, João é instruído a revelar seu conteúdo profetizando: "É preciso que você profetize de novo acerca de muitos povos, nações, línguas e reis" (10:11). A expressão "de novo" contrasta essa profecia não apenas com a missão de João como profeta, mas com toda a revelação profética anterior a que 10:7 se refere. Aos profetas dos tempos do AT e do NT, Deus havia revelado seu propósito de finalmente estabelecer seu reino na terra, incluindo tudo o que João apresentou até então em suas visões. O que ainda não foi revelado, exceto nas sugestões que João agora apresenta, é o papel dos seguidores do Cordeiro de levar o mundo ao arrependimento e à fé por meio de seu testemunho e morte. Um aspecto questionável é se a frase recém citada de 10:11 pode ser traduzida como "É preciso que você profetize de novo *acerca* de muitos povos" ou "É preciso que você profetize de novo *a* muitos povos". Qualquer uma das opções faria sentido. A profecia joanina é inicialmente uma revelação às igrejas acerca do papel que devem desempenhar como testemunhas proféticas aos povos, mas também, indiretamente, é o conteúdo do testemunho profético das igrejas às nações.

O conteúdo do rolo é apresentado de forma resumida e imediata em 11:1-13. Portanto, essa passagem contém, *in nuce,* a mensagem principal de toda a profecia de João, que é colocada aqui para indicar como o testemunho da igreja ao mundo intervém antes do juízo final, a sétima trombeta, com a qual o reino de Deus finalmente vem (11:15-19). Então, nos capítulos de 12 a 15, o conflito vitorioso da igreja com os poderes do mal recebe uma abordagem muito mais detalhada, a qual, então, é integrada ao relato mais abrangente do juízo final e seus resultados (15—22). A relação entre 11:1-13 e os capítulos de 12 a 15 pode ser percebida por como uma série de novas imagens é introduzida em 11:1-13 com uma brevidade enigmática, antecipando sua análise mais completa nas seções seguintes: a grande cidade (11:8), a besta e sua batalha contra os santos (11:7), o período simbólico (11:2,3), que é a duração do conflito da igreja com a besta. Essas representações são retomadas quando o conflito da igreja com a besta é inserido em um contexto mais amplo, nos capítulos de 12 a 15. Todavia, a passagem 11:1-13 traz a abordagem mais ampla de João sobre a forma pela qual o testemunho da igreja garante o arrependimento e a fé das nações. Assim, temos de dar mais atenção a isso.

AS DUAS TESTEMUNHAS

O conteúdo do pergaminho não declara que os cristãos fiéis sofrerão martírio ou que esse martírio será sua vitória: esses detalhes já estão claros em 6:9-11; 7:9-14. A nova revelação é que seu testemunho fiel e sua morte devem ser instrumentos para a conversão das nações do mundo. Seu triunfo não é simplesmente sua própria salvação de um mundo condenado ao julgamento, como pode parecer no capítulo 7, mas a salvação dos povos. O reino de Deus não vem simplesmente salvar um povo eleito que reconhece seu governo de um mundo rebelde sobre o qual seu reino prevalece meramente por destruir os rebeldes. Ele vem como o testemunho sacrificial do povo eleito, o povo que já reconhece o governo de Deus e traz as nações rebeldes para que também o reconheçam. O povo de Deus foi redimido de *todas as nações* (5:9) para dar testemunho profético a *todas as nações* (11:3-13).

É isso que a história das duas testemunhas (11:3-13) dramatiza de forma simbólica. De acordo com essa narrativa, os dois indivíduos representam a igreja em seu fiel testemunho ao mundo. Sua trama não deve ser interpretada de forma literal, nem como uma alegoria, como se a sequência de eventos correspondesse a uma série de acontecimentos na história da igreja. Ela é mais como uma parábola, que dramatiza a natureza e o resultado do testemunho da igreja. Desse modo, não devemos, por exemplo, concluir que a narrativa defende que, apenas depois de todos os cristãos fiéis completarem seu testemunho e sofrerem o martírio, serão justificados aos olhos de seus inimigos que serão então convertidos. É mais provável que a história dramatize o que acontecerá o tempo todo enquanto os cristãos testemunham de forma fiel ao mundo.

A identificação das duas testemunhas como candelabros (11:4), que é o símbolo das igrejas no capítulo 1, em que as sete comunidades são retratadas como sete candelabros (1:12,20), mostra que as duas testemunhas representam a igreja em seu papel de testemunhar ao mundo. O fato de serem apenas duas não indica que sejam meramente parte de toda a igreja, mas que corresponde à bem conhecida exigência bíblica de que as evidências sejam aceitáveis apenas diante do depoimento de duas testemunhas (Deuteronômio 19:15). Portanto, elas são a igreja à medida que cumprem seu papel de testemunhas fiéis. Nesse sentido, também são profetas (11:3,10), moldados principalmente nas imagens (do AT) de Elias e Moisés (11:5,6; veja 2Reis 1:10-12; 1Reis 17:1; Êxodo 7:14-24).[8] Porém, não são Elias e Moisés *redivivos*, visto que os poderes de ambos são atribuídos às duas testemunhas (11:6). Aqui, nenhum dos dois representa a lei e os profetas, ambos são profetas. Como profetas que confrontaram o mundo da idolatria pagã, eles estabeleceram precedentes para o testemunho profético da igreja ao mundo.

Moisés e Elias não sofreram martírio, ainda que, na época do NT, muitas vezes se pensasse que esse era o destino da maior

---

[8]Isso distingue Apocalipse 11 da tradição apocalíptica mais difundida quanto à volta de Enoque e Elias. As formas dessa tradição que estão mais próximas de Apocalipse 11 (na expectativa do martírio dos dois profetas) foram influenciadas por tal capítulo: cf. R. Bauckham, "The martyrdom of Enoch and Elijah: Jewish or Christian?", *JBL* 95 (1976): 447-58.

parte dos profetas do AT e, provavelmente, o destino esperado de qualquer profeta. No entanto, em 11:8 vemos que o principal precedente para a morte das duas testemunhas é o de Jesus. O paralelo prossegue com sua ressurreição e ascensão após três dias e meio (11:11,12): João converteu os três dias da história do evangelho no número apocalíptico convencional três e meio. Dessa maneira, é o testemunho do próprio Jesus que as duas testemunhas levam adiante, e sua morte é uma participação no sangue do Cordeiro. Outro aspecto que fica claro na linguagem universalista de 11:9,10 é que o testemunho se destina a todos os povos. A cidade que é o cenário de sua profecia, morte e vindicação não pode ser Jerusalém, apesar da referência à crucificação de Jesus ali (11:8), e por causa dessa alusão, também não pode ser unicamente Roma, a que — sob o símbolo da Babilônia — a expressão "a grande cidade" alude em outras passagens do Apocalipse (14:8; 18:16,18,19,21). É toda e qualquer cidade em que a igreja dê seu testemunho profético ao mundo.

Os julgamentos, isoladamente, não conduzem ao arrependimento (9:20,21), porém o testemunho das testemunhas sim, embora não de forma independente dos juízos, mas em conjunto com eles (11:6,13). A questão não é apenas que seu testemunho do Deus verdadeiro e sua justiça reforça a evidência dos julgamentos, ainda que certamente sua perseverança no testemunho, mesmo ao custo da própria vida, seja uma evidência poderosa. Também não é o caso de os julgamentos só serem inteligíveis como juízos de Deus quando acompanhados de testemunho verbal. O ponto é que os próprios julgamentos não transmitem a disposição graciosa de Deus em perdoar aqueles que se arrependem. Embora a impressão geral das testemunhas que a passagem dá pareça severa, devemos atribuir todo o peso, já que é a única indicação do que dizem, ao fato de estarem vestidas de panos de saco (11:3), o símbolo da contrição (veja Jonas 3:4-10; Mateus 11:21; Lucas 10:13). Isso significa que, confrontados com um mundo viciado em idolatria e perversidade (9:20,21), eles proclamam o único Deus verdadeiro e seu futuro juízo sobre o mal (veja 14:7), mas o fazem como *um chamado ao arrependimento*. Portanto, uma vez que seu testemunho é visto, não para ser refutado por sua morte, mas vindicado como a verdade (11:11-13), todos aqueles que o veem se arrependem. O versículo 13 mostra que todos os sobreviventes se arrependem de forma genuína e reconhecem o único Deus verdadeiro. A descrição de sua resposta corresponde ao convite do anjo que, em 14:6,7, convoca todos os povos a reconhecerem a Deus. Além disso, contrasta com 9:20,21 (veja 16:9-11). Depois dos juízos das trombetas, "o restante" (*hoi loipoi*) não se arrependeu (9:20). Após o terremoto que acompanhou a vindicação das testemunhas, "o restante" (*hoi loipoi*) temeu a Deus e lhe deu glória (11:13).

O resultado positivo e incrivelmente universal do testemunho das testemunhas é destacado pela aritmética simbólica de 11:13. Nos juízos anunciados pelos profetas do AT, uma décima parte (Isaías 6:13; Amós 5:3) ou sete mil pessoas (1Reis 19:18) são o remanescente fiel poupado quando o julgamento destrói a maior parte. Em um uso tipicamente sutil da alusão, João inverte isso. Somente um décimo sofre o juízo, e o "restante" (*hoi loipoi*) são os nove décimos. Não a minoria fiel, mas a maioria infiel é poupada, para que possa chegar ao arrependimento e à fé. Graças ao testemunho das testemunhas, o juízo é realmente salvador. Dessa forma, João indica a novidade do testemunho das duas testemunhas contra os profetas do AT que ele usou como seus precedentes. Esse é especificamente o caso em que a referência aos sete mil alude ao efeito do ministério de Elias, que deveria trazer todos ao julgamento exceto os sete mil fiéis que foram poupados (1Reis 19:14-18). As duas testemunhas trarão todos à conversão, menos os sete mil, que são julgados. É evidente que se estabelece o contraste em termos simbólicos e, portanto, seria incorreto questionar por que eles também não puderam ser convertidos.

Ser a testemunha que traz as nações à fé no único Deus verdadeiro é a nova função do povo escatológico de Deus, revelada pelo livro que apenas o Cordeiro foi capaz de abrir. Se perguntarmos como o testemunho profético da igreja pode ter esse efeito que o dos profetas do AT não teve, a resposta será, sem dúvida, que sua força vem da vitória do próprio Cristo. Seu testemunho tinha o poder de uma testemunha mantida até a morte, vindicado como testemunho verdadeiro, por sua ressurreição. O testemunho de seus seguidores participa desse poder quando eles também testificam fielmente até a morte. A narrativa simbólica de 11:11,12 não significa que as nações tenham de assistir à ressurreição literal dos mártires cristãos antes de se convencerem da verdade de seu testemunho, mas que devem perceber a participação dos mártires no triunfo de Cristo sobre a morte. Na verdade, foi precisamente dessa forma que o martírio cristão, nos primeiros séculos da igreja, impressionou e conquistou os indivíduos para a fé no Deus cristão. Os mártires deram testemunho eficaz da verdade do evangelho, porque sua fé na vitória de Jesus sobre a morte foi convincente e bastante evidente na forma que a enfrentaram e morreram.

DERROTANDO A BESTA

Entre os três principais temas simbólicos que apresentamos — a guerra messiânica, o novo êxodo e o testemunho —, naturalmente é o terceiro que domina a história das duas testemunhas (11:3-13), ainda que existam indícios dessa guerra (11:7) e do novo êxodo (11:6,8). Esses detalhes são retomados e desenvolvidos nos capítulos de 12 a 15, que analisam mais detalhadamente o mesmo tema do papel dos discípulos fiéis de Cristo na vinda do reino de Deus. Nesta parte, refletiremos acerca da guerra messiânica narrada nos capítulos de 12 a 14.[9]

O chamado dirigido aos leitores ou ouvintes de Apocalipse para "conquistar" é essencial para a estrutura e o tema do livro. Ele exige a participação ativa dos interlocutores na guerra divina contra o mal. Tudo o mais que é dito nas sete mensagens às igrejas tem esse propósito, expresso na promessa aos conquistadores

[9]Para o argumento desta seção de maneira mais detalhada, veja Bauckham, "The Book of Revelation as a Christian war scroll" (n. 1).

que conclui cada uma delas (2:7,11,17,28; 3:5,12,21): capacitar os leitores a fazerem parte da batalha, a fim de estabelecer o reino universal de Deus contra toda oposição. O conteúdo escatológico das promessas, bem como a única promessa feita aos conquistadores que os associa ao clímax de todo o livro, em 21:7, mostra que é somente vencendo que os membros das igrejas podem entrar na Nova Jerusalém (veja 22:14). As visões que intervêm entre as sete mensagens às igrejas e a visão final da Nova Jerusalém permitem que os leitores passem de uma para outra com o propósito de compreender o que a conquista envolve.

O verbo "conquistar" é deixado curiosamente sem um objeto até o capítulo 12 (exceto uma vez, quando a besta é o sujeito da ação: 11:7). Isso acontece porque é apenas nos capítulos 12 e 13 que os principais inimigos de Deus, que precisam ser derrotados para abrir caminho para seu reino, são apresentados. São a trindade satânica: o dragão ou a serpente (a fonte principal e sobrenatural de toda oposição a Deus), a besta ou o monstro marinho (o poder imperial de Roma) e a segunda besta ou o monstro terrestre (a máquina de propaganda do culto imperial).[10] (Babilônia, a grande prostituta, que representa a civilização corrupta e exploradora da cidade de Roma, apoiada pelo poderio político e militar do império, não é devidamente apresentada antes do capítulo 17: ela tem uma condição bem diferente. Os cristãos não são chamados para conquistá-la, mas para "sair dela" (18:4), ou seja, para se afastarem

[10]Para saber mais sobre essas três imagens, seu contexto mítico e sua referência histórica em Apocalipse, veja G. R. Beasley-Murray, *The Book of Revelation* (London: Marshall, Morgan & Scott, 1974), p. 191-221; A. Yarbro Collins, *The combat myth in the Book of Revelation*, Harvard Dissertations in Religion 9 (Missoula: Scholars, 1976), cap. 4; J. M. Court, *Myth and history in the Book of Revelation* (London: SPCK, 1979), cap. 6; F. R. McCurley, *Ancient myths and biblical faith* (Philadelphia: Fortress, 1983), cap. 2 e 3; S. R. F. Price, *Rituals and power: the Roman imperial cult in Asia Minor* (Cambridge University Press, 1984), p. 62-4; R. Bauckham, "The *figurae* of John of Patmos", in: Ann Williams, org., *Prophecy and millenarianism: essays in honor of Marjorie Reeves* (London: Longman, 1980), p. 107-25: versão revisada (cap. 6: "The Lion, the Lamb and the dragon") em Bauckham, *The climax of prophecy*.

de sua maldade.) As ressonâncias míticas poderosas das imagens dos capítulos 12 e 13 colocam o futuro conflito entre os cristãos e o poder romano na perspectiva da guerra cósmica do mal contra Deus e seu povo fiel. O confronto inicial entre a serpente e a mulher que dá à luz o filho que a derrotará no final (12:1-5) leva a história de volta ao jardim do Éden (veja Gênesis 3:15) e, como ela não é simplesmente Eva, mas também Sião, de quem o Messias nasceu (veja Isaías 66:7-9), também inclui a história do Israel pré-cristão. Algumas das representações mitológicas mais antigas do triunfo do Guerreiro divino sobre os monstros do caos são revividas. O dragão é o Leviatã, a cobra de sete cabeças a quem o Senhor, com sua grande espada, castigará no último dia (Isaías 27:1), enquanto a ancestralidade da besta também remete (por meio dos monstros de Daniel 7:2-8) ao Leviatã, visto que ele surge do mar. Além disso, a associação do monstro marinho com o terrestre (13:1,11) ecoa a dupla tradicional de monstros, Leviatã e Beemote, que dominam, respectivamente, o mar e a terra. Assim, essas imagens são essencialmente forças primitivas do mal, destinadas à destruição final pelo Guerreiro divino no último dia, mas no contexto, encarnadas na opressão do Império Romano, que supera — em sua violência militar e na divinização de seu próprio poder — até mesmo os impérios do mal do passado (Daniel 7:2-8).

São essas forças intimidadoras que os cristãos, como o exército do Cordeiro (14:1-5), são chamados a derrotar com seu testemunho fiel até a morte, ou seja, pelo sangue de Cristo. Já derrotaram o dragão (12:11). Agora que, lançado do céu, ele reúne suas forças na terra na forma do poder imperial (12:12,18-13:2), eles precisam derrotar a besta (15:2). Entretanto, o uso do verbo "conquistar" não é tão simples. Também é afirmado, como já antecipado em 11:7, que à besta, "Foi-lhe dado poder para guerrear contra os santos e vencê-los." (13:7). O ponto não é que a besta e os cristãos alcancem, cada qual, algumas vitórias; a questão é que o mesmo evento — o martírio dos seguidores de Cristo — é apresentado tanto como o triunfo do monstro sobre eles quanto como sua vitória sobre a besta. Dessa maneira, João levanta a seguinte questão: quem são os verdadeiros vencedores? A resposta depende de alguém enxergar as coisas da perspectiva terrena dos que louvam a besta ou da perspectiva celestial que as visões joaninas revelam a seus leitores. Para os habitantes da terra (13:8), é evidente que a besta matou os mártires. Seu poderio político e militar, que parece levar tudo adiante e ganhar a admiração e a adoração do mundo, aqui parece triunfante até mesmo sobre as testemunhas de Jesus. A prova final da força invencível e divina da besta parece ser sua capacidade de matar os mártires cristãos e permanecer aparentemente impune. Na disputa judicial de quem é o verdadeiro Deus — a besta ou aquele de quem os mártires dão testemunho —, o veredicto parece ser claro: a evidência dos mártires foi contestada.

Até os cristãos devem ter sido tentados a ver dessa forma, já que eram uma pequena minoria de indivíduos impotentes contra o poder esmagador do Estado e a pressão extraordinária da sociedade pagã. Recusar-se a transigir implicava tornar-se uma vítima ainda mais indefesa. Por que tentar resistir à besta quando ela provava ser irresistível? Contudo, a mensagem de João é que, da perspectiva do céu, as coisas parecem ser totalmente diferentes. Os mártires são os verdadeiros vitoriosos. Ser fiel no testemunho do verdadeiro Deus até a morte não é transformar-se em uma vítima da besta, mas entrar em campo contra ela e vencer. Todavia, somente em uma visão do céu (7:9-14; 15:2,3) ou por uma voz do céu (11:12; 14:2), os mártires podem ser *reconhecidos* como triunfantes. A perspectiva celeste irrompe na ilusão terrena da propaganda da besta com o propósito de permitir uma avaliação diferente do mesmo fato empírico: a vitória aparente da besta é a vitória concreta dos que se sacrificam e, portanto, de Deus.

O ponto de vista celestial tem o poder da verdade. Quando os mártires dão testemunho do Deus verdadeiro contra as falsas declarações divinas da besta e se recusam a admitir suas mentiras, mesmo quando poderiam livrar-se da morte fazendo isso, alcançam a vitória da verdade sobre o engano. As ilusões da besta não podem enganá-los, nem coagi-los a aceitar suas palavras vazias.

A besta pode matá-los, mas não pode suprimir seu testemunho da verdade. Sua morte não contesta sua evidência, porque mesmo em sua morte, o poder da verdade em convencer supera o poder da mera força física para suprimi-lo. Portanto, talvez o contraste mais importante entre as forças malignas e o exército do Cordeiro seja aquele entre o engano e a verdade. O dragão engana o mundo inteiro (12:9; veja 20:2,3,7,8), a segunda besta ilude os habitantes da terra ao divulgar a divindade da besta (13:14; veja 19:21), a Babilônia engana todos os povos com suas feitiçarias (18:23), mas os discípulos de Cristo, assim como o próprio Cristo, são completamente livres do engano (14:5; veja 3:14).

Desse modo, o tema da guerra messiânica nos trouxe de volta ao tema do testemunho da verdade. Como sempre, os principais assuntos abordados por João ajudam a interpretar uns aos outros. Porém, o tópico da guerra messiânica tem seu próprio valor. Ao usar a figura militar para ambas as análises do que está acontecendo quando os mártires morrem — a besta é vitoriosa, o Cordeiro é vitorioso —, João apresenta com mais eficácia a questão fundamental de como as pessoas veem as coisas. O mundo é um lugar em que o poder militar e político é capaz de levar tudo adiante ou um lugar em que o sofrimento do testemunho da verdade prevalece no final? Assim, Apocalipse oferece aos seus leitores um discernimento profético orientado pela essência da fé cristã: que Jesus Cristo conquistou sua vitória abrangente sobre todo o mal pelo seu testemunho de sofrimento. Além disso, convoca a uma adesão corajosa a essa compreensão na prática, como os apelos para "a perseverança e a fidelidade dos santos" (13:10; veja 14:12) inseridos no panorama da guerra messiânica que é sugerida. Enquanto a terminologia moderna chama o martírio de "resistência passiva", as representações militares de João o tornam tão ativo quanto qualquer guerra física. Ainda que rejeite a militância apocalíptica que clamava por uma guerra santa literal contra Roma, a mensagem joanina não é "não resistam!", mas, sim, "resistam, mas pelo testemunho e martírio, não pela violência". Nas ruas das cidades da Ásia Menor, os leitores de João não devem transigir, antes, devem resistir à idolatria do Estado e da sociedade pagãos. Ao agirem dessa forma, estarão cumprindo uma função indispensável na concretização da vitória do Cordeiro.

João espera que, no conflito iminente com o domínio do Império Romano, todos os cristãos fiéis sofram martírio? Ele escreve como se esperasse. Embora, em Apocalipse, o termo "conquistar" não signifique simplesmente morrer como mártir, sem dúvida inclui a morte (12:11). Os cristãos vencem a besta por seu testemunho fiel da verdade de Deus até à morte, até por manter esse testemunho. Dessa maneira, seu testemunho fiel até o fim participa da força do triunfo que Cristo alcançou pelo seu fiel testemunho até à morte: eles vencem "pelo sangue do Cordeiro" (12:11; veja 7:14). Entretanto, o ato de "conquistar" não é representado em Apocalipse como algo a que unicamente alguns cristãos são convocados. As promessas feitas aos vencedores ao final de cada uma das sete mensagens às igrejas mostram a vitória como o único meio de os cristãos alcançarem seu destino escatológico. O ponto é reforçado pela promessa que o próprio Deus dá aos vencedores em 21:7, em que claramente existem apenas duas opções: conquistar e herdar as promessas escatológicas, por um lado, ou sofrer a segunda morte no lago de fogo, por outro (21:8). As mesmas alternativas são apresentadas como as únicas opções aos leitores de João em 22:14,15 (passagem na qual "os que lavam as suas vestes" no sangue do Cordeiro são os mártires; veja 7:14).

Muitos intérpretes têm sido compreensivelmente relutantes em aceitar que João imagina o martírio de todos os cristãos, sem exceção, mas é exatamente isso que essas passagens claramente dão a entender. Por outro lado, ele parece perfeitamente capaz de escrever também como se houvesse cristãos fiéis ainda vivos na parúsia (3:20; 16:15). Isso sugere que, nesse quesito — como em muitos outros —, Apocalipse sofreu com interpretações que analisam suas imagens de forma muito literal. Até mesmo os intérpretes mais sofisticados caem facilmente no erro de tratar as imagens como códigos que precisam unicamente ser decifrados no intuito de trazer previsões literais. Contudo, isso não leva as imagens a sério.

João apresenta o futuro em ilustrações para ser capaz de fazer mais e menos do que uma previsão literal faria. Menos, porque Apocalipse não oferece um esboço literal do curso dos eventos futuros, como se a profecia fosse meramente uma história escrita com antecedência; mais, porque o que ele traz é uma visão da natureza do objetivo de Deus para o futuro, e faz isso de uma forma que molda as atitudes dos leitores em relação ao que está por vir e convida sua participação ativa no propósito divino.

Nesse contexto, podemos ver por que Apocalipse retrata o futuro *como se* todos os cristãos fiéis fossem martirizados. A mensagem do livro é que, se os seguidores de Cristo forem fiéis ao seu chamado para testemunhar a verdade contra as acusações da besta, provocarão um confronto tão grave com ela que isso resultaria em uma luta até a morte. As representações dos capítulos 13 e 14 atribuem valor absoluto a essa situação, a fim de revelar o que realmente está em jogo. A besta não tolerará discordância em sua autodeificação. Dar testemunho da verdade é uma tarefa incongruente com qualquer compromisso com suas mentiras. Portanto, a alternativa torna-se totalmente inflexível: preste culto à besta ou enfrente o martírio. Retratar a realidade de modo que ninguém seja capaz de escapar dessa escolha nesse cenário duro incorpora a visão profética de João sobre a questão entre a igreja e o império: não pode haver relação entre a verdade de Deus e a mentira idólatra da besta. Trata-se de uma percepção típica da tradição profética bíblica (veja 1Reis 18:21). Não é uma previsão literal de que todo cristão fiel será morto, mas exige que todo cristão fiel esteja preparado para morrer. O chamado a conquistar não admite um meio-termo no qual os cristãos possam ter a esperança de evitar a morte por meio de um compromisso com a besta. Na situação que João imagina, o martírio pertence, por assim dizer, à natureza essencial do testemunho fiel. Nem toda testemunha fiel realmente morrerá, mas toda fiel testemunha precisa ter perseverança e fidelidade (13:10), para que aceite o martírio, se ele vier. Se traduzirmos o apelo para a conquista em termos literais, podemos dizer que ele exige que todo cristão aceite, de pronto, o martírio que uma testemunha fiel pode sofrer.

A COLHEITA DA TERRA[11]

Os capítulos de 12 a 14 descrevem a guerra messiânica desde a encarnação (12:5) até a parúsia (14:14-20). Todavia, as imagens militares são deixadas de lado antes do final do relato em favor de outras figuras. No capítulo 13, vemos a besta guerreando contra os santos. Em 14:1-5, vemos os mártires — o exército do Cordeiro — resistindo com sucesso ao ataque no monte Sião e celebrando sua vitória no céu. Porém, mesmo antes do fim da descrição desses seguidores de Cristo, as ilustrações mudam de termos militares para uma linguagem relacionada a sacrifício e testemunho (14:4b,5). O efeito do triunfo dos mártires sobre as nações (14:6-11) e o resultado definitivo da guerra na parúsia (14:14-20) são narrados em imagens bem diferentes daquelas da guerra messiânica. O motivo, como já sabemos com base em 11:3-13, é que o propósito da participação dos discípulos do Cordeiro nessa guerra é trazer os povos ao arrependimento e à fé no Deus verdadeiro, e isso não pode ser retratado pelas imagens da guerra.

Portanto, o efeito do testemunho dos mártires sobre as nações é descrito nas três proclamações angelicais de 14:6-11, dirigidas ao mesmo eleitorado universal que se submete ao governo da besta e a adora (14:6; veja 13:7,8). O conflito entre a besta e os mártires cristãos confronta os povos com a escolha entre ouvir o testemunho dos mártires e arrepender-se da idolatria (14:7) ou enfrentar o julgamento de Deus sobre todos os que adoram a besta (14:9-11). Então, o resultado dessa escolha e de todo o conflito é representado por uma nova ilustração tradicional da consumação escatológica, introduzida somente neste ponto em Apocalipse. Essa é a imagem da colheita, que João apresenta de duas formas: a colheita dos grãos (14:14-16) e a das uvas (14:17-20).

A ilustração dupla vem de Joel 3:13. Embora esse versículo realmente traga à tona as duas fases da colheita da uva, a palavra

[11]Para o argumento desta e da próxima seção em maiores detalhes, veja cap. 9 ("The conversion of the nations") em Bauckham, *The climax of prophecy*.

hebraica usada para colheita, em geral, é usada para a colheita de grãos, então João a interpretou nesse sentido (e não foi o primeiro a fazê-lo: veja Marcos 4:29). Dessa maneira, ele retirou de Joel duas imagens: a colheita de grãos e a vindima, ambas representações bem estabelecidas da consumação escatológica (p. ex., Isaías 63:1-4; Mateus 13:39-42; Marcos 4:29; *4Esdras* 4:28-32; *2Baruque* 70:2). Ele fez uso das duas ilustrações com o propósito de mostrar os dois aspectos (positivo e negativo) da parúsia: a reunião das nações convertidas no reino de Cristo e o juízo final dos povos impenitentes. Raras vezes, essa interpretação dos dois símbolos foi aceita pelos intérpretes anteriores de Apocalipse, mas João a indicou claramente de três formas.

Em primeiro lugar, neste capítulo, cada uma das duas imagens está vinculada a uma anterior. O "grande lagar da ira de Deus" (14:19) ecoa tanto "o vinho da fúria da sua prostituição" (14:8), que a Babilônia fez todas as nações beberem, como o "vinho do furor de Deus que foi derramado sem mistura no cálice da sua ira" (14:10),[12] que Deus deu de beber a todos os que adoram a besta. O vinho da Babilônia é o estilo de vida cheio de corrupção que ela ofereceu aos povos e que, portanto, os levou a adorar a besta. Já o vinho de Deus é o juízo sobre as nações, como também pode ser visto na alusão a Isaías 63:3, que aqui está combinado com Joel 3:13.

A imagem anterior, correspondente à colheita dos grãos, está em 14:4: os 144 mil "Foram comprados dentre os homens e ofertados como primícias a Deus e ao Cordeiro". A frase remete a 5:9, dirigida a Cristo: "com teu sangue, compraste para Deus homens de toda tribo, língua, povo e nação". Entretanto, agora sabemos que os seguidores do Cordeiro, resgatados por seu sacrifício, são eles mesmos um sacrifício. Além disso, são um tipo específico de sacrifício: os primeiros frutos. As primícias eram o primeiro feixe colhido antes dos demais e que, então, era dado a Deus como

[12] *Thymos*, traduzido como "ira" em ambas as expressões, pode significar "paixão" na primeira (veja tb. 18:3), mas sua função é claramente conectar as duas frases.

oferenda (Levítico 23:9-14). A conexão entre as primícias de 14:4 e toda a colheita em 14:14-16 seria óbvia a qualquer judeu, que dificilmente seria capaz de usar essa ilustração sem se referir à colheita completa, cujos primeiros frutos são o sinal e o penhor (veja Romanos 8:23; 11:16; 16:5; 1Coríntios 15:20,23; 16:15). Assim, os mártires, redimidos de todas as nações, são oferecidos a Deus como os primeiros frutos de todos os povos, cuja ceifa é descrita em 14:14-16.

Em segundo lugar, embora as descrições da colheita dos grãos e das uvas sejam paralelas em muitos aspectos, há uma grande diferença entre elas. A primeira acontece em apenas um ato: colher. A segunda inclui duas fases: coletar as uvas e depositá-las no lagar, depois, pisá-las no lagar. Mais adiante em Apocalipse, lemos que essas duas ações correspondem à reunião dos reis da terra e de seus exércitos para o Armagedom (16:12-14) e ao julgamento das nações na parúsia (19:15, que ecoa 14:19 e revela a identidade daquele que pisa o lagar, deixada enigmática em 14:20). O relato da colheita de grãos poderia ter sido ampliado paralelamente ao das uvas, já que a colheita era seguida de debulha (em geral, realizada por animais pisoteando os grãos) e seleção (em que o grão bom era separado do joio, que era soprado para longe ou queimado). Assim como pisar no lagar é uma representação natural do juízo, debulhar e selecionar também o são, mas colher, não. Quando a ceifa é usada como imagem de julgamento, a debulha é o aspecto especificado (Jeremias 51:33; Miquéias 4:12,13; Hebreus 3:12; Mateus 3:12; Lucas 3:17; veja Apocalipse 11:2) ou os ímpios são comparados com o joio levado pelo vento ou queimado (Salmos 1:4; 35:5; Isaías 17:13; 29:5; Daniel 2:35; Oseías 13:3; Mateus 3:12; Lucas 3:17). O juízo discriminatório pode ser simbolizado pela coleta do grão nos celeiros, enquanto o joio (retirado antes da colheita) ou a palha são queimados (Mateus 3:12; 13:30; Lucas 3:17). Dificilmente, a colheita é uma imagem negativa (Oseías 6:11), e a ação de colher nunca é. Quanto à consumação escatológica, a colheita é sempre uma imagem positiva de trazer pessoas ao reino (Marcos 4:29; João 4:35-38). Os leitores urbanos modernos, não acostumados a pensar em processos agrícolas manuais, não se preocupam naturalmente em estabelecer diferenças entre os exemplos da colheita bíblica. Contudo, os leitores da antiguidade eram diferentes de nós nesse aspecto. Os atos descritos eram muito familiares a eles. E, imediatamente, eles perceberiam que a representação apocalíptica da colheita de grãos não simbolizava o julgamento, mas o da uva, sim.

Em terceiro lugar, a ação única na colheita dos grãos é realizada por "alguém semelhante a um filho de homem", sentado em uma nuvem e usando uma coroa (14:14), enquanto as duas ações da vindima são colocadas em prática, respectivamente, por um anjo (14:19) e por aquele cuja identidade não é revelada antes de 19:11-16, que o retrata como o guerreiro e juiz divino. Certamente, quem ceifa os grãos é Jesus Cristo (veja 1:13), que também pisa o lagar, mas as duas representações de Cristo são diferentes. Sua caracterização na nuvem é uma menção precisa a Daniel 7:13,14, os únicos versículos desse livro que se referem "a um filho de homem". Eles o apresentam vindo em nuvens para Deus (compare a relação da nuvem com o templo celeste em Apocalipse 14:14,15), com a finalidade de receber o domínio sobre "todos os povos, nações e homens de todas as línguas" (7:14; compare com a coroa de ouro que o ornamenta em Apocalipse 14:14). A representação que encontramos em Daniel 7 não é desse ser como um juiz ou alguém preocupado com a destruição da besta. Ele simplesmente recebe seu reino universal. E repete o feito em Apocalipse 14:14,16, ele recebe em seu reino os povos que foram conquistados do domínio da besta para o domínio de Cristo pela subjugação da besta pelos mártires. Ao contrário das tradições do evangelho, em que Jesus é chamado de "o Filho do homem", João emprega, cuidadosamente, a expressão exata de Daniel, "um filho de homem", e o faz somente aqui e em 1:13. Ele não associa Daniel 7:13,14 à parúsia de Cristo como juiz, como alguns dos primeiros escritores cristãos fizeram; ele limita a referência cristológica da passagem ao que ela realmente diz, o que está intimamente relacionado ao seu próprio interesse no governo de Jesus sobre todas as nações. No versículo 1:13, ele é descrito como alguém que já tem autoridade sobre as igrejas, porém, como agora sabemos, ele as constituiu um reino para Deus unicamente para que elas, por meio de seu testemunho na terra, pudessem trazer todas as nações para o reino de Deus e de seu Cristo (11:15). Ele é semelhante a "um filho de homem" no que se refere às igrejas como *candelabros* (1:12,13), trazendo luz aos povos. Em 14:14-16, vemos o reino de Jesus estendido da igreja para as nações.

Assim, em 14:14-20, João descreve o resultado da história por meio de duas imagens contrastantes: a positiva "colheita da terra" e a negativa "vindima da terra". Isso é um pouco diferente de 11:13, em que a história do testemunho da igreja termina com a conversão de todos os que sobreviveram aos juízos de advertência. A divergência corresponde ao fato de que, nos capítulos 13 e 14, o poder e a mentira da besta foram apresentados, e a ambiguidade do conflito entre a besta e os mártires foi ressaltada. Saber se as nações aceitarão o testemunho dos mártires e interpretarão sua morte como um triunfo sobre a besta, por um lado, ou se insistirão na ilusão e continuarão adorando a besta que parece vencê-los, por outro, é uma questão em aberto. A conclusão dupla do capítulo 14 corresponde às duas possibilidades levantadas pela proclamação dos anjos (14:6-11). Retornaremos a esse assunto depois de analisar a terceira e última passagem em que Apocalipse apresenta o efeito do testemunho dos mártires na conversão dos povos (15:2-4).

A CONVERSÃO DAS NAÇÕES

Nessa passagem, o tema do novo êxodo é usado para representar o efeito do testemunho da igreja ao mundo. Em 15:2, os mártires são vistos retirando-se em triunfo de seu confronto com a besta. Sua passagem pelo martírio ao céu é comparada à passagem dos israelitas pelo mar Vermelho, pois o mar de vidro no céu (veja 4:6) está, agora, misturado ao fogo do juízo divino (15:2). Eles ficam à beira-mar, prestando culto a Deus, pela vitória que ele conquistou para eles, assim como o povo de Israel, liderado por Moisés, entoou um cântico de louvor a Deus por tê-los livrado do exército de Faraó (Êxodo 15:1-18). Como o novo êxodo é o triunfo que os mártires conquistaram pelo sangue do Cordeiro (veja 7:14; 12:11), seu canto não é simplesmente o canto de Moisés; é, igualmente, o canto do Cordeiro.

Todavia, as palavras da canção dos mártires não são as mesmas da canção mosaica em Êxodo 15:1-18; mas também não são outro cântico, com o qual João substituiu o original de Moisés. Assim como a versão deste, que Isaías 12 prediz que Israel cantará no novo êxodo, a de Apocalipse é uma *interpretação* da versão mosaica, que João produziu pela aplicação hábil dos métodos exegéticos judaicos atuais. Ao vincular o hino de Êxodo 15 ao êxodo escatológico, João, evidentemente, identificou cinco pontos significativos:

1. O ato poderoso de julgamento de Deus sobre seus inimigos, que também foi a libertação de seu povo (Êxodo 15:1-10,12).
2. O ato poderoso de julgamento de Deus, que demonstrou a superioridade incomparável do Senhor sobre os deuses pagãos:

   Quem entre os deuses é semelhante a ti, Senhor? Quem é semelhante a ti? Majestoso em santidade, terrível em feitos gloriosos, autor de maravilhas? (Êxodo 15:11)

3. O ato poderoso de julgamento de Deus, que aterrorizou os povos pagãos (Êxodo 15:14-16).
4. Ele trouxe seu povo para o seu templo (Êxodo 15:13,17).
5. O cântico conclui: "O Senhor reinará eternamente" (Êxodo 15:18).

As palavras com as quais a canção termina (5) conectam-se claramente ao tema geral de Apocalipse, qual seja, o estabelecimento do reino escatológico de Deus, razão pela qual foram citadas por João em 11:15. Para ele, o significado do novo êxodo é que, por fim, ele conduz ao reino eterno de Deus. O ponto 1 é refletido nas referências aos atos, caminhos e juízos de Deus

(Apocalipse 15:3,4), enquanto o ponto 4 é cumprido na presença dos mártires no santuário celestial (15:2: sugerido pelo mar de vidro, que está diante do trono divino, segundo 4:6). Porém, é notável o fato de que a libertação do povo de Deus, ainda que pressuposta, não seja citada na versão apocalíptica do cântico. O ponto 2 é bastante relevante para o interesse de Apocalipse em mostrar a incomparabilidade do único Deus verdadeiro contra as pretensões idólatras da besta. Portanto, as palavras com que o mundo inteiro adora a besta, em 13:4, são realmente uma paródia do conteúdo da canção de Moisés: "Quem é como a besta? Quem pode guerrear contra ela?". João entende o novo êxodo como uma demonstração de Deus às nações de sua divindade incomparável, refutando a reivindicação de divindade da besta. Assim, o ponto 4 também faz sentido: Deus demonstra sua divindade com o propósito de que as nações "temam a Deus e glorifiquem-no" (14:7). Esse se tornou verdadeiramente o fator principal da interpretação do cântico encontrado em Apocalipse 15:3,4. Em Êxodo 15, o ato poderoso de julgamento e libertação de Deus inspira terror nas nações pagãs. Trata-se, no contexto, de um reconhecimento de sua divindade incomparável, mas seu significado permanece profundamente negativo. João o reinterpretou em um sentido positivo, referindo-se ao arrependimento de todos os povos e seu reconhecimento e adoração ao único Deus verdadeiro.

Ele chegou a essa interpretação do cântico de Moisés por meio de duas outras passagens do AT — que usou para interpretá-lo — e cita ambas em sua própria versão. Vinculou esses trechos bíblicos à canção mosaica porque os dois têm paralelos com seu versículo-chave (Êxodo15:11) sobre a incomparabilidade de Deus. Nas citações seguintes, as palavras paralelas a esse versículo estão sublinhadas, enquanto as citadas em Apocalipse 15:3,4 estão em itálico.

> Não há absolutamente ninguém comparável a ti, ó Senhor; tu és grande, e grande é o poder do teu nome. *Quem não te temerá, ó rei das nações?* Esse temor te é devido (Jeremias 10:6,7a).

> Nenhum dos deuses é comparável a ti, Senhor, nenhum deles pode fazer o que tu fazes. *Todas as nações* que tu formaste *virão e te adorarão*, Senhor, e glorificarão o teu nome. Pois tu és grande e realizas feitos maravilhosos; só tu és Deus! (Salmos 86:8-10)

Desse modo, João interpretou o cântico de Moisés conforme a linha mais universalista da esperança do AT: a expectativa de que todas as nações reconhecerão o Deus de Israel e o adorarão.

O significado dessa versão da canção de Moisés é profundo. O efeito é mudar a ênfase do significado do novo êxodo de um evento em que Deus liberta seu povo, julgando seus inimigos, para outro que leva o mundo a reconhecer o Deus verdadeiro. Os mártires celebram a vitória que Deus conquistou por meio da morte e vindicação deles, não em louvor por sua própria libertação, mas celebrando seu efeito sobre as nações, levando-as a adorar a Deus. Isso confere um significado diferente ao uso das figuras do novo êxodo com referência à primeira fase da obra de Cristo, em que, por intermédio de sua morte, ele resgatou um povo de todas as nações para ser o povo peculiar de Deus (5:9,10). Agora, vemos que essa redenção de uma nação especial entre todas as nações não é um fim em si mesmo, há mais nesse propósito: conduzir todos os povos a reconhecer e cultuar a Deus. No primeiro estágio de sua missão, o sacrifício sangrento do Cordeiro redimiu um povo para Deus. No segundo, a participação desse povo em seu sacrifício, por meio do martírio, conquista todos os povos para Deus. É assim que se dá a vinda do reino universal de Deus.

É impressionante como o sentido dessa passagem (15:2-4) coincide exatamente com o de 11:11-13, embora um conjunto de ilustrações bem diferentes seja usado em cada uma delas. Isso confirma nossa interpretação de ambas. No entanto, nosso ponto de vista, que reconhece a esperança universal extremamente positiva em Apocalipse, também enfrenta dificuldade. Após o trecho que acabamos de estudar, o livro continua, em 15:5—19:21, com uma sequência de visões do juízo final: primeiro, a série das sete últimas pragas que culminam na queda da Babilônia (15:5—16:21); em seguida, uma visão da queda da Babilônia (18:1—19:8) e, finalmente, uma visão da vinda de Cristo para julgamento e da batalha do Armagedom (19:11-21).

À primeira vista, podemos supor que as sete últimas pragas são os julgamentos a que o cântico dos mártires se refere (15:4), principalmente porque são moldadas nas pragas do Egito. Entretanto, não pode ser assim. São juízos completos, jamais limitados como as advertências ineficazes das aberturas dos selos e das trombetas, e certamente bem diferentes do julgamento salvífico de 11:13. Portanto, seu resultado é que as pessoas amaldiçoam a Deus (16:9,11,21). Esse não é um mero avanço relacionado à falta de arrependimento que é percebida após a sexta trombeta (9:20,21; veja 16:9); é exatamente o oposto de temer a Deus, glorificando-o e adorando-o (11:13; 14:7; 15:43; veja 16:9). É verdade que nenhuma dessas pragas matou alguém, pois a condenação final dos impenitentes que amaldiçoam a Deus vem na batalha do Armagedom, na qual os reis do mundo inteiro se reúnem com seus exércitos (16:12-16), em aliança com a besta, para se opor a Cristo (17:12-14), que, finalmente, surge como rei dos reis para derrotá-los (19:19-21). O quadro cruel da matança em 19:18,19 faz uso de uma linguagem surpreendentemente universal: "carne de todos: livres e escravos, pequenos e grandes" (19:18; veja 6:15; 13:16). Essa não é uma representação das nações que vêm adorar a Deus, mas da destruição daqueles que se recusam a fazê-lo. Os juízos dos capítulos de 16 a 19 concentram-se, basicamente, em acabar com os *sistemas* — político, econômico e religioso — que se opõem a Deus e à sua justiça, e que são simbolizados pela besta, o falso profeta, a Babilônia e os reis da terra. Contudo, quem apoia tais sistemas, os quais persistem em adorar a besta, ignorando tanto o chamado para adorar a Deus quanto a ameaça aos que idolatram a besta (14:6-11), evidentemente deve perecer junto aos regimes malignos com os quais tanto se identifica.

Aqui, há, no mínimo, certa tensão. A maneira em que as sete últimas pragas seguem o canto dos mártires do cântico de Moisés e do Cordeiro já fora prevista no fim do capítulo 14, da mesma forma que a imagem positiva da colheita da terra se fez acompanhar da figura negativa do lagar. João parece satisfeito em incluir indicações da conversão universal dos povos ao lado de referências em termos igualmente universais para o juízo final. Todavia, ele não faz o tipo de declaração que deve ser, logicamente, compatível para ser válida; ele pinta quadros em que cada um retrata um aspecto válido da verdade. Ele apresenta o testemunho fiel da igreja, que conduz todas as nações ao arrependimento e à fé. Retrata o mundo que rejeita seu testemunho, impenitente em sua opção pela besta, necessariamente sujeito ao juízo final. As duas ilustrações correspondem à escolha oferecida às nações pelas proclamações dos anjos em 14:6-11. Não faz parte do propósito da profecia de João antecipar essa escolha em uma previsão do *nível* de sucesso que o testemunho dos mártires terá. Mesmo que essa informação fosse conhecida, não é o que seus leitores necessitam saber. Para eles, a profecia é um chamado para não se identificar com a besta ou com a Babilônia e compartilhar sua condenação, mas para dar o testemunho de Jesus, de modo fiel e corajoso, até a morte. Nesse sentido, cumprem seu chamado de ser o povo especial de Deus para a salvação de todos os povos.

Se esse aspecto positivo do futuro profético necessariamente é descartado, enquanto as visões do juízo final seguem seu curso, ele volta para provar sua prioridade teológica — e, portanto, escatológica — na visão da Nova Jerusalém. A voz do trono no versículo 21:3 proclama:

> Agora o tabernáculo de Deus está com os homens, com os quais ele viverá. Eles serão os seus povos; o próprio Deus estará com eles e será o seu Deus.[13]

[13]Existem diversas leituras significativas na tradição textual desse versículo (incluindo *laos* para *laoi*), mas essa tradução é do texto mais provavelmente original.

Em uma abordagem característica do AT, essas palavras combinam duas fontes. Lemos em Ezequiel 37:27,28:

> Minha morada estará com eles [Israel]; eu serei o seu Deus, e eles serão o meu povo. Então, quando o meu santuário estiver entre eles para sempre, as nações saberão que eu, o Senhor, santifico Israel.

Porém, essa visão do povo de Deus entre as nações é levada um passo adiante em Zacarias 2:10,11:

> Cante e alegre-se, ó cidade de Sião! Porque venho fazer de você a minha habitação, declara o Senhor. Muitas nações se unirão ao Senhor naquele dia e se tornarão meu povo. Então você será a minha habitação.

Assim como em sua versão da canção de Moisés, João assume a forma mais universalista da esperança do AT. Israel não será o único povo de Deus com quem ele habitará, nem mesmo o Israel escatológico, redimido de todas as nações. Em vez disso, como fruto do testemunho do povo especial, todos serão povos de Deus (veja tb. 21:24-26).

A PARÚSIA

Será útil resumir as duas fases iniciais da obra de Cristo quanto a estabelecer o governo de Deus. Na primeira, por seu testemunho fiel da morte como o Cordeiro pascal do novo êxodo, ele alcançou a grande vitória sobre todo o mal. O resultado imediato foi a criação de um povo, proveniente de todas as nações, que já é o reino de Deus em meio à oposição deste mundo rebelde. Entretanto, esse povo eleito é convocado para desempenhar um papel na conquista do reino universal de Deus, que é revelado pela abertura do livro selado e que é o objetivo principal da profecia de João comunicar às igrejas. O povo escolhido entre todas as nações participará do triunfo de Cristo, testemunhando — como ele fez — até à morte, em um grande confronto com o poder idólatra do Império Romano. Desse modo, testemunharão a todas as nações e as conduzirão ao arrependimento e à fé no Deus verdadeiro. O Livro de Apocalipse coloca lado a lado, sem qualificar um pelo outro, os dois resultados possíveis: a conversão dos povos e sua inclusão no reino de Deus ou o julgamento das nações impenitentes.

Essa segunda possibilidade mostra que existe uma terceira e última fase da obra de Cristo, que, assim como as duas primeiras, também é descrita como vitória em Apocalipse 17:14. Embora a ligação sintática das palavras finais desse versículo (referindo-se aos que estão "com ele") com o restante da declaração não seja inequívoca, o significado deve ser que os seguidores do Cordeiro (provavelmente os mártires triunfantes com ele sobre a morte) compartilham sua conquista. Eles o acompanham na batalha como os reis acompanham a besta (17:12). Eles são os exércitos do céu que cavalgam com ele (19:14), quando ele aparece como o guerreiro divino celestial rumo à vitória (19:11). Ele vem como "rei dos reis e senhor dos senhores" (17:14; 19:16) com o propósito de destruir todo o poder político que não reconhece o governo de Deus que ele implementa na terra.

Contudo, precisamos, mais uma vez, da representação da testemunha, a fim de complementar a representação da guerra na concepção da imagem da parúsia de Apocalipse. O testemunho da verdade tem dois lados. Por um lado, é o único meio de livrar as pessoas das mentiras e ilusões, trazendo-as à verdade. Assim, é possível convertê-las da adoração à besta para o louvor ao Deus verdadeiro. Por outro lado, o testemunho que é rejeitado torna-se uma evidência contra quem o repudia. Quem ama a mentira e se apega à ilusão diante da verdade só pode ser condenado pela verdade. Por isso Apocalipse une, basicamente, a verdade à justiça ao falar dos juízos de Deus sobre o mal (15:3; 16:7; 19: 2; veja 6:10).

Enquanto o diabo e a besta reinam, a terra é a esfera do engano e da ilusão. A verdade é vista primeiro no céu e, em seguida, quando desce do alto para a terra. Em 19:11, o céu se abre e a própria verdade, a Palavra de Deus (19:13), cavalga em direção à terra. Esse é o ponto em que a perspectiva celeste prevalece no plano terreno, dissipando, finalmente, todas as mentiras da besta. Desse modo, ficará evidente, aos olhos de todos os que têm a real soberania divina — embora Cristo receba, nessa passagem, diversos nomes —, que o nome visível para todos verem, como um brasão na lateral de seu manto, é: "Reis dos reis e senhor dos senhores" (19:16). As figuras militares são controladas por figuras judiciais. A espada com a qual ele mata é aquela que sai de sua boca (19:15,21): sua palavra de juízo verdadeiro (veja 1:16; 2:12,16). Seus olhos iguais a chamas de fogo (19:12) são os do juiz divino que enxerga infalivelmente o interior dos corações e das mentes (1:14; 2:18,23). Portanto, esse não é o Cordeiro abatido que se tornou abatedor, mas a testemunha que se tornou juiz. A "testemunha fiel e verdadeira" (3:14) agora é aquele que "se chama Fiel e Verdadeiro" (19:11), mas não é alguém que testifica. Sua mesma fidelidade à mesma verdade agora o torna o juiz de quem persiste em mentiras. Da mesma forma, ainda que não seja retratado como o Cordeiro (veja 7:14), o sangue de seu testemunho fiel até à morte ainda o marca (19:13a) e o qualifica para ser a Palavra de Deus em pessoa (19:13b). Assim, é a verdade de Deus, que o Cordeiro e os mártires testemunharam, que aqui prevalece finalmente, sobre aqueles que não querem ser conquistados para ela, condenando-os a morrer com suas ilusões (19:20). Em consequência desse triunfo sobre o engano na terra, o próprio diabo, a fonte de todas as mentiras, está preso, para que não volte a enganar as nações (20:1-3).

Com essa compreensão do testemunho de Jesus acerca da verdade de Deus, que é salvífica e destinada a libertar o mundo do erro, mas que, no final, condenará aqueles que a rejeitam, é instrutivo comparar João 12:46-49, que traz exatamente o mesmo pensamento em um idioma bem diferente do de Apocalipse. Esse trecho ajuda a explicar por que os primeiros cristãos costumavam entender Jesus como Salvador agora e Juiz no final, sem sentir nenhuma das incoerências que as mentes modernas costumam encontrar nessa combinação.

O MILÊNIO

Por fim, é necessário mencionar o milênio, pois, na teologia de Apocalipse, considera-se que está intimamente conectado à parúsia. Isso é mostrado pelo destino do diabo, que acaba sendo o mesmo da besta e do falso profeta, mas somente após um atraso de mil anos (19:20; 20:1-3,7-10). O resultado da parúsia é a destruição de todo o mal, ainda que essa destruição em seu nível mais profundo não seja retratada como consequência imediata, mas postergada em um milênio. Antes de questionar por que isso acontece, temos de observar que outro efeito desse milênio é separar por mil anos um aspecto do juízo final (20:4) do próprio julgamento (20:11-13). Se compararmos Apocalipse 20 com uma de suas fontes principais, a visão do juízo divino em Daniel 7:9, veremos que os tronos de Apocalipse 20:4 vêm de Daniel 7:9, e que a abertura dos livros em Apocalipse 20:11 vem de Daniel 7:10.

O sétimo capítulo de Daniel aborda a destruição da besta que perseguiu o povo de Deus e a transferência de seu reino para o Filho do Homem e seu povo. É isso que Apocalipse apresenta em 19:11-21 (a destruição da besta) e 20:4-6 (a transferência do reino aos santos). O aspecto negativo do juízo final (19:11-21), em que a besta foi condenada, exige, como contrapartida positiva, que o julgamento seja realizado em favor dos mártires, que devem ser vindicados e recompensados. No confronto entre a besta e as testemunhas de Jesus, a primeira parecia vencê-las. Quando a perspectiva celestial finalmente prevalecer na terra, de modo que a verdade das coisas se torne evidente, não só a besta será vista como derrotada, mas também os mártires serão considerados triunfantes. Assim como os reis da terra que compartilharam o governo usurpado da besta foram afastados de seu reino, agora os mártires reinam com Cristo.

Assim, o que se diz acerca dos mártires em 20:4-6 é estritamente limitado ao que contrasta com o destino da besta. A evidência deles, junto à de Cristo, condenou-os, porém o tribunal divino os vindica. O falso profeta foi lançado no lago de fogo (19:20), que é a segunda morte (20:14), mas os mártires voltaram à vida e a segunda morte não tem poder sobre eles (20:4-6). O reino foi tirado dele e entregue a eles. Agora que os destruidores da terra foram destruídos (11:18), ela é dada ao povo de Cristo para que a governe com ele (20:4; veja 5:10; Daniel 7:18,27). Vida e domínio — as duas questões nas quais o conflito entre os mártires e a besta se concentra — são os únicos temas de 20:4-6 e são meramente citados, sem aprofundamento.

Isso mostra que o objetivo teológico do milênio é unicamente demonstrar o triunfo dos mártires: aqueles que a besta matou são os que de fato viverão — escatologicamente, e aqueles que contestaram seu direito de governar e sofreram por isso são os mesmos que, no final de tudo, dominarão tão universalmente quanto ela — e por muito mais tempo: mil anos. Por fim, para provar que a vitória deles no reino de Cristo não pode ser novamente revertida pela impiedade, e que é a última palavra de Deus para o bem contra o mal, o diabo recebe uma última oportunidade de enganar as nações outra vez (20:7,8). Todavia, essa não é uma repetição do governo da besta. A cidade dos santos prova ser inexpugnável (20:9).

Assim, João tomou da tradição apocalíptica judaica a noção de um reinado messiânico temporário na terra antes do juízo final e da nova criação (cf. *2Baruque* 40:3; *4Esdras* 7:28,29; *b. Sanh.* 99a), mas fez algo diferente disso; ele usou essa percepção para apresentar um aspecto fundamental de seu conceito da vitória dos mártires sobre a besta, atribuindo à imagem do milênio uma função bastante específica. Porém, uma vez que tomamos essa representação de forma literal — como uma previsão de um período concreto da futura história do mundo —, torna-se impossível limitá-la a esse papel. Então, temos de fazer todas as perguntas que os intérpretes de Apocalipse fazem no que se refere ao milênio,[14] perguntas às quais João

[14]Para os diversos pontos de vista sobre o milênio que foram defendidos ao longo da história cristã e continuam sendo até hoje, veja R. Bauckham, "Millennium", em S. B. Ferguson; D. F. Wright, orgs., *New dictionary of theology* (Leicester: Inter-Varsity, 1988), p. 428-30; R. G. Clouse, org., *The meaning of the millennium: four views* (Downers Grove: Inter-Varsity, 1977) [edição em português: *O significado do milênio* (s.l.: Base Livros, 2021)].

não responde, por serem irrelevantes à função que ele atribui ao milênio em seu universo simbólico. Devemos questionar: quem os santos governam? Eles fazem isso do céu ou da terra? Como a vida escatológica de ressurreição pode ser compatível com uma terra não renovada? Quem são os povos que Satanás engana no fim do milênio? E assim por diante. O milênio torna-se incompreensível quando o analisamos tão literalmente. Entretanto, a necessidade de interpretá-lo de forma exata não é maior do que a de supor que as sequências de juízos (as aberturas dos selos, as trombetas, as taças) sejam predições literais. Não resta dúvida de que João esperava que houvesse julgamentos, porém as descrições que ele faz são projeções imaginárias destinadas a retratar seus significados. Ele esperava que os mártires fossem vindicados, mas o milênio representa o sentido, em vez de predizer como será sua vindicação.

CAPÍTULO • CINCO

O ESPÍRITO *de* PROFECIA

ESTATÍSTICAS

Em comparação às referências a Deus e a Cristo, as menções ao Espírito em Apocalipse são relativamente poucas. Ainda assim, seria um erro concluir que, na teologia apocalíptica, o Espírito não é importante. Como veremos, ele desempenha um papel fundamental na obra divina do estabelecimento do reino de Deus no mundo.

Mais importante do que a raridade relativa de alusões ao Espírito é o fato de que elas caem em padrões numéricos comparáveis àqueles que vimos ter sentido teológico em relação aos termos usados em Apocalipse para Deus e Cristo. As menções ao Espírito encaixam-se em duas categorias principais: aquelas que se referem aos "sete espíritos" e aquelas que se referem ao "Espírito". Os "sete" são peculiares ao universo simbólico de Apocalipse e existem quatro referências aos tais (1:4; 3:1; 4:5; 5:6). Como já observamos anteriormente, quatro é o número do mundo, assim como sete é o da plenitude. Os sete espíritos são a totalidade do poder divino "enviado a toda a terra" (5:6). As quatro referências ao Espírito sétuplo correspondem às sete vezes em que surge a frase quádrupla que designa todos os povos da terra (5:9; 7:9; 10:11; 11:9; 13:7; 14:6; 17:15). Correspondem também às 28 (7x4) alusões ao Cordeiro, que, como apontamos no último capítulo, indicam a dimensão mundial de sua vitória completa. Os sete espíritos estão intimamente associados ao Cordeiro triunfante (5:6): as quatro menções a eles indicam que a vitória de Cristo é implementada em toda o mundo pela plenitude do poder divino.

Assim como essas quatro referências aos "sete espíritos", existem também quatorze ao "Espírito". Entre elas, sete estão em uma categoria própria: a ordem que se repete em cada uma das sete mensagens às igrejas: "Aquele que tem ouvidos ouça o que o Espírito diz às igrejas" (2:7,11,17,29; 3:6,13,22). Isso deixa outras sete menções: quatro à expressão "no Espírito" (1:10; 4:2; 17:3; 21:10), duas citando suas palavras (14:13; 22:17) e uma na expressão "o espírito de profecia" (19:10). Vale destacar também que o próprio termo "profecia" aparece sete vezes (1:3; 11:6; 19:10; 22:7,10,18,19).[1]

OS SETE ESPÍRITOS

Os sete espíritos, chamados em 1:4, "os sete espíritos que estão diante do seu trono [de Deus]", são algumas vezes identificados não como o espírito divino, mas como os sete anjos principais que, na angelologia judaica, estão na presença de Deus no céu (p. ex., Tobias 12:15). Contudo, o próprio Apocalipse se refere a esses sete anjos (8:2) com uma linguagem bem diferente daquela que ele usa para citar os sete espíritos. Além disso, embora o termo "espírito" pudesse ser usado para designar os anjos (como em diversos trechos dos manuscritos do Mar Morto), raríssimas vezes tem esse significado na literatura cristã primitiva e nunca no livro de Apocalipse.

Os sete espíritos devem ser compreendidos como um símbolo do Espírito divino, que João escolheu com base em sua análise de Zacarias 4:1-14, uma passagem que está por trás não só das quatro referências aos sete espíritos, mas também da descrição das duas testemunhas em 11:4. Parece ter sido o trecho fundamental

[1]A palavra πνευμα aparece também em 11:11 e 22:6, passagens que não considero serem referências ao Espírito divino, e em 13:15; 16:13,14 e 18:2, que claramente não são.

do AT para o entendimento de João do papel do Espírito na ação divina no mundo. Se questionarmos por que ele deveria ter dado tanta importância a essa visão tão obscura de Zacarias, a resposta provavelmente estará na palavra do Senhor, que ele teria entendido como a mensagem central da visão: "'Não por força nem por violência, mas pelo meu Espírito', diz o SENHOR dos Exércitos" (Zacarias 4:6). A questão para a qual a mensagem de Apocalipse é a resposta é: tendo em vista o poder aparentemente irresistível e mundial da besta, como Deus estabelecerá seu governo na terra? Zacarias 4:6 indica que não será pela força mundana como a da besta, mas pelo Espírito divino.

Na visão de Zacarias, ele depara com um candelabro de ouro com sete lâmpadas. João não poderia ter deixado de vincular isso ao candelabro de sete braços que ficava no lugar santo no templo (veja Êxodo 25:31-40; 40:4,24-25). Ao lado do candeeiro, há duas oliveiras (Zacarias 4:3). Como, certamente, João compreendeu a narrativa, Zacarias questiona primeiro a identidade das sete lâmpadas (4:4,5) e, em seguida, das oliveiras (4:11-13). Sua primeira pergunta não tem resposta direta ou imediata. Antes de tudo, ele recebe o oráculo que acaba de ser citado ("Não por força nem por violência, mas pelo meu Espírito": 4:6), seguido por outras palavras do Senhor que ampliam esse assunto (4:7-10a), então, finalmente, sua pergunta tem uma resposta: "Estas sete lâmpadas são os olhos do Senhor, que sondam toda a terra" (4:10b). É claro que João interpretou essa sequência no sentido de que as tais lâmpadas simbolizam os sete olhos de Deus, que são o Espírito divino. Por enquanto, adiamos a questão da identidade das oliveiras.

Na visão de João do céu, ele vê sete lâmpadas acesas diante do trono divino, as quais ele identifica como os sete espíritos (Apocalipse 4:5). Como o santuário celestial era considerado o modelo segundo o qual o terrestre foi construído e, portanto, nas visões joaninas, ele abriga o conteúdo mais importante do santuário terrestre (veja 8:3-5; 11:19; 15), essas sete lâmpadas correspondem àquelas que queimavam "diante do Senhor"(Êxodo 40:25) no templo. Elas são as lâmpadas da visão de Zacarias. Sem dúvida, existe a possibilidade de um candelabro, mas é provavelmente significativo que João não o mencione: os candeeiros que ele menciona estão na terra (1:12,13,20; 2:1,5; 11:4). Assim como as sete lâmpadas perante o trono no céu, os sete espíritos pertencem ao ser divino. Por isso a referência a eles na bênção "trinitária" de 1:4,5a também é para "os sete espíritos que estão diante do seu trono".

Todavia, se essas referências associam os sete espíritos a Deus, em 5:6 elas estão intimamente ligadas ao Cordeiro, que se diz ter "sete chifres e sete olhos, que são os sete espíritos de Deus enviados a toda a terra". O eco de Zacarias 4:10b é evidente. Em Apocalipse, os olhos de Iavé são também os olhos do Cordeiro. Isso tem uma base exegética em Zacarias 3:9, passagem em que João teria interpretado a "pedra com sete pares de olhos" como uma referência a Cristo e os sete olhos como os mesmos de Zacarias 4:10b.

É provável que Apocalipse 5:6 relacione os sete espíritos, *tanto* aos sete chifres, *quanto* aos sete olhos do Cordeiro. Vale ressaltar que os olhos de Iavé no AT indicam não só sua capacidade de ver o que acontece no mundo inteiro, mas também de agir poderosamente onde ele escolher. A mensagem do profeta Hanani em 2Crônicas 16:7-9, que faz uma menção verbal a Zacarias 4:10b (16:9: "Pois os olhos do Senhor estão atentos sobre toda a terra"), entende claramente esse versículo, assim como João, em conexão com Zacarias 4:6 ("Não por força nem por violência, mas pelo meu Espírito"). Hanani repreende o rei Asa por haver confiado no poder de um exército, e não em Iavé, cujos olhos observam atentamente o mundo inteiro com o objetivo de ajudar aqueles que confiam nele.[2] João torna explícita essa ligação entre os olhos atentos de Deus e seu poder ao adicionar sete chifres, o tão conhecido símbolo de força, aos sete olhos. Provavelmente ele percebeu que, em Zacarias, o poder de Iavé se opõe ao das nações inimigas do povo de Deus, representado por quatro chifres (Zacarias 1:18-21). Da mesma forma, em Apocalipse, os sete chifres do Cordeiro são

---

[2]Veja outra passagem muito semelhante: Salmos 33:13-19; veja tb. Salmos 34:15; Eo 34:15,16.

o poder divino colocado contra os chifres do dragão e das bestas (Apocalipse 12:3; 13:1,11; 17:12,13). Porém, a questão crucial é a natureza desse poder divino.

Os sete chifres e os sete olhos fazem parte da descrição do Cordeiro quando ele aparece pela primeira vez em Apocalipse: como o Cordeiro imolado que venceu (5:5,6). Representam, então, o poder do seu triunfo. Os sete espíritos são enviados a toda a terra para tornar sua vitória efetiva no mundo inteiro. Enquanto o próprio Deus, que está sentado no trono, habita o céu, e não ainda a terra, e enquanto Cristo, vitorioso por sua morte na terra, agora compartilha o trono de seu Pai no céu, os sete espíritos representam a presença e o poder de Deus na terra, trazendo o reino de Deus ao implementar a vitória do Cordeiro em todo o mundo. Assim, a compreensão joanina dos sete espíritos corresponde amplamente à perspectiva comum dos primeiros cristãos da relação do Espírito Santo com Deus e Cristo, tendo como base o poder divino, que agora é o Espírito de Cristo, a presença do Filho exaltado no mundo e do efeito presente da obra passada de Jesus.[3] Resta analisar se os sete espíritos também estão vinculados à igreja do modo que os primeiros cristãos costumavam ver o Espírito.

Os sete espíritos estão relacionados às duas testemunhas de 11:3-13, não claramente, mas por meio das alusões a Zacarias 4. As duas oliveiras da visão de Zacarias são consideradas "os dois homens que foram ungidos (literalmente, "filhos do óleo") a fim de servir ao Soberano de toda a terra" (4:14). As duas testemunhas de Apocalipse são "as duas oliveiras e os dois candelabros que permanecem diante do Senhor da terra" (11:4). Se, na perspectiva de João, "as duas oliveiras" carregam um significado maior do que uma simples maneira de se referir à visão de Zacarias, é provável que os dois sejam profetas (veja 11:3,10) ungidos com o óleo do Espírito. Entretanto, ao relacioná-los a dois candeeiros, ele muda o

[3]Veja, p. ex.: Y. Congar, *I believe in the Holy Spirit* (New York/ London: Seabury Press/ Geoffrey Chapman, 1983), vol. 1, cap. 2.

simbolismo da visão de Zacarias. Ele possivelmente quer dizer que são como candeeiros segurando as lâmpadas que são os sete espíritos, embora, desde que escolheu ter apenas duas testemunhas, conforme a exigência de testemunho válido e, portanto, somente dois candeeiros, não pode referir-se aos sete sem confundir a ilustração. No entanto, é claro que os sete espíritos representam o poder do testemunho profético da igreja ao mundo, simbolizado pelo ministério das duas testemunhas. A universalidade dessa testificação é sugerida pela frase de Zacarias, que eles "estão diante do Senhor da terra", que também relaciona seu testemunho universal ao senhorio de Deus ou de Cristo no mundo. Portanto, é por meio de seu testemunho profético que os sete espíritos são enviados a toda a terra. Os chifres e os olhos do Cordeiro são o poder e o discernimento de seu testemunho profético, que é sua fidelidade ao que Jesus testificou. Por meio desse testemunho, os sete espíritos efetivam universalmente o triunfo do Cordeiro.

Da mesma forma, as sete igrejas são representadas por sete candelabros de ouro (1:12,20; 2:1). O único candeeiro de Zacarias, contendo sete lâmpadas, é dividido em sete candeeiros no intuito de corresponder às sete igrejas da Ásia, que, sendo o número da perfeição, representam todas as igrejas do mundo. Isso permite que os sete espíritos sejam citados em uma clara conexão com as igrejas. Cristo é chamado de "aquele que tem os sete espíritos de Deus e as sete estrelas" (3:1). Como as sete estrelas consistem nos anjos das sete igrejas (1:16,20), existe uma sugestão de algum tipo de ligação dos sete espíritos com elas. Contudo, não pode ser mais do que uma sugestão, enquanto ainda não tenha sido explicado em que consiste a "conquista" exigida de todas as igrejas. Essa ideia só pode ser entendida quando o papel das igrejas em seu testemunho profético para o mundo for explicado (começando em 11:3-13). Os sete espíritos são enviados a toda a terra como as lâmpadas nos sete candeeiros de ouro.

Assim, pode-se dizer que os sete espíritos — como o poder de Deus derramado em todo o mundo por meio da vitória do sacrifício de Cristo — são o poder da verdade divina: o poder do testemunho fiel da igreja da verdade de Deus e sua justiça contra as idolatrias e injustiças do mundo sob o domínio da besta. Tal como a força da verdade, os sete espíritos podem ser representados como olhos (discernimento) e como chifres (poder). Nesse sentido, é instrutivo compará-los ao seu correspondente na trindade satânica. Se o dragão que concede seu trono e sua autoridade à besta (13:2) é a paródia diabólica de Deus como aquele que se assenta no trono, e a besta que se recupera de um ferimento mortal (13:3) é uma paródia do Cordeiro morto, pode parecer que o falso profeta (como a segunda besta é chamada em 16:13; 19:20) seja uma paródia dos sete espíritos. No entanto, não é esse o caso. Ele não corresponde aos sete espíritos, nem aos profetas cristãos, como às vezes é afirmado, mas às duas testemunhas, que simbolizam o testemunho profético da igreja inspirado pelos sete espíritos. Sua ação profética diz respeito a toda a terra (13:12-17; 16:13,14), assim como aquela das duas testemunhas. Ele realiza sinais (13:13,14; 19:20), assim como eles (11:6). Leva o mundo a cultuar a besta (13:12), o que equivale a adorar o dragão (13:4), assim como a carreira das duas testemunhas traz o mundo à adoração a Deus (11:13), incluindo certamente o culto a Jesus, que em Apocalipse, se equipara à adoração a Deus. Enquanto as duas testemunhas fazem tudo isso pela força da verdade, o falso profeta o faz por engano (19:20) e coerção (13:15-17). Porém, os vários assassinatos que ele usa para reforçar suas mentiras são os martírios cristãos que manifestam o poder da verdade. É desse modo que Apocalipse entende o contraste: "Não por força nem por violência, mas pelo meu Espírito" (Zacarias 4:6).

O ESPÍRITO DA PROFECIA CRISTÃ NAS IGREJAS

Os sete espíritos simbolizam a plenitude do Espírito divino em relação a Deus, a Cristo e à missão da igreja em toda a terra. É isso que distingue as referências aos sete espíritos das menções simplesmente ao Espírito. As últimas remetem à atividade do Espírito por meio dos profetas cristãos nas igrejas.[4] Analisaremos, em linhas gerais, essas referências antes de nos debruçar sobre a relação entre as duas maneiras de falar do Espírito.

Todas as quatorze alusões ao Espírito referem-se — de diversas formas — à sua inspiração da profecia de João, o próprio Livro de Apocalipse. Apenas um desses casos (19:10) traz uma referência mais abrangente à profecia cristã de modo geral, embora possamos deduzir que, em todos os casos, a atividade atribuída ao Espírito poderia ser comparada a outra profecia cristã que não a joanina.

Existem quatro menções à recepção de João da revelação visionária "no Espírito".[5] Ele diz duas vezes que "estava tomado pelo Espírito" (1:10; 4:2), duas vezes que o anjo o "levou no Espírito" (ou foi "levado no Espírito": 17:3; 21:10). Expressões paralelas a essas em outra literatura[6] deixam claro que a referência não é ao espírito humano de João (como lemos na New Revised Standard Version e em algumas outras traduções), mas ao Espírito divino na condição de agente da experiência visionária. As duas alusões ao transporte por pelo Espírito (17:3; 21:10), em que João é levado a um novo lugar visionário, são baseadas principalmente em uma fórmula comum em Ezequiel (3:12,14, entre outras), que é o profeta do AT em quem o apóstolo mais moldou seus relatos de sua própria experiência e declarações proféticas. As quatro referências são estrategicamente posicionadas: nos dois inícios de toda a visão joanina, na terra entre as igrejas (1:10) e no céu na sala do trono divino (4:2), e nos começos das duas visões paralelas da Babilônia

[4]Quanto a esse assunto, veja D. Hill, "Prophecy and prophets in the Revelation of St. John", *NTS* 18 (1971-2): 401-18; e *New Testament prophecy* (London: Marshall, Morgan & Scott, 1979), cap. 3.

[5]Para uma análise mais completa dessas referências, veja R. Bauckham, "The role of the Spirit in the Apocalypse", *EQ* 52 (1980): 66-89; versão revisada (cap. 5) em Bauckham, *The climax af prophecy*.

[6]Ezequiel 3:12,14; 8:3; 11:1,24; 37:1; 43:5; Bel 36 (Theod.); 2Bar 6:3; Hermas, *Vis.* 1:3; 5:1; Josefo, *Ant.* 4:118; Pseudo-Fílon, *LAB* 28:6; veja *Did.* 11:7-9; Polícrates, ap. Eusébio, *Hist. eccl.* 5:24,2; Melito, ap. Eusébio, *Hist. eccl.* 5:34-5.

(17:3) e da Nova Jerusalém (21:10). O efeito não é meramente vincular partes da experiência visionária de João com o Espírito, mas atribuir toda ela à agência do Espírito divino.

O Espírito capacita João a receber as visões, em que lhe são entregues revelações proféticas. Portanto, o Espírito desempenha um papel diferente da cadeia de revelação pela qual o conteúdo da profecia chega a ele enviado por Deus (Deus — Cristo — anjo — João 1:1; veja 22:16). O Espírito não dá o teor do que foi revelado, mas a experiência visionária que capacita João a receber a revelação. Essas menções ao Espírito constituem uma declaração de uma experiência visionária real implícita no livro, embora isso não signifique que o livro seja simplesmente uma transcrição dessa vivência. O livro é uma composição muito complexa e elaborada para que isso seja possível, e grande parte de seu significado está incorporado na forma puramente literária. Quaisquer que tenham sido as experiências visionárias de João, ele as transmutou, por intermédio de um processo longo de reflexão, estudo e composição literária em um texto que comunica sua mensagem ao público. Entretanto, ainda mais do que uma afirmação de experiência visionária, essas quatro citações do Espírito são uma alegação de que sua profecia é divinamente inspirada. Elas complementam a declaração de que a revelação veio de Deus e reforçam a ideia muito forte da autoridade divina (veja 22:18,19), pela qual o apóstolo coloca sua obra na mesma categoria dos profetas canônicos ou confere a ela, em certo sentido, até mesmo um *status* mais elevado, como a revelação profética final em que toda a tradição da profecia bíblica culmina (veja 10:7).

Além dessas alusões ao Espírito como o agente da experiência visionária, existem outras que se referem a ele como inspirador dos oráculos proféticos. Cada uma das mensagens às sete igrejas tem, como último ou penúltimo componente, a "fórmula de proclamação", chamando a atenção para o que foi dito: "Aquele que tem ouvidos ouça o que o Espírito diz às igrejas". Em outras palavras, sem dúvida, isso está moldado na estrutura que é tão importante na tradição das citações de Jesus (Marcos 4:9,23, entre outros) e, deliberadamente, traz essa estrutura à tona, visto que as sete mensagens são as palavras do Cristo exaltado. Todas começam com o texto "Estas são as palavras...", seguido por uma descrição de Cristo. Portanto, o que o Espírito diz é o que o Cristo exaltado diz. Ele inspira os oráculos proféticos em que o profeta João fala as palavras de Jesus às igrejas. Não há dúvida de que esse também é implicitamente o caso dos oráculos em que Cristo se dirige diretamente às igrejas, mas onde o Espírito não é claramente citado (16:15; 22:7,12,13,16,20).

No entanto, as palavras do Espírito nem sempre são as do Jesus exaltado. Nos outros dois casos em que Apocalipse atribui palavras explicitamente ao Espírito, elas não são as palavras de Cristo. Em 14:13b, elas são a resposta do Espírito às palavras da voz celestial que João ouve. Como o apóstolo obedece à ordem de escrever as bem-aventuranças (14:13a), o Espírito que o inspira lhes acrescenta um endosso enfático. Em 22:17a, a oração "Vem" atribuída ao Espírito e à noiva é direcionada ao Cordeiro, como reação à promessa de Cristo de vir em 22:12. (A mesma promessa e sua resposta se repetem em 22:20) O significado de "o Espírito e a noiva" não pode ser que ele inspire a oração de toda a comunidade cristã, pois tal oração é seguida por um convite aos crentes que a ouvem para que acrescentem a ela sua própria oração: "E todo aquele que ouvir diga: 'Vem!'". Essa fórmula corresponde àquela nas sete mensagens: "Aquele que tem ouvidos ouça". Esta última é a resposta correta a uma profecia inspirada pelo Espírito, e a anterior, a uma oração igualmente inspirada por ele. Portanto, devemos pensar nos profetas cristãos (ou simplesmente em João) orando no Espírito e, dessa maneira, liderando as preces de toda a igreja. O que o Espírito ora por intermédio dos profetas cristãos é o que a igreja, em sua pureza escatológica, pronta para a vinda de seu esposo, o Cordeiro (cf. 19:7,8; 21:2), também deve orar, de modo que a oração é atribuída "[a]o Espírito e [à] noiva".

Assim, em todos esses exemplos, bem como na declaração mais geral de 19:10, que não atribui palavras específicas ao Espírito, o uso do seu nome indica a expressão inspirada dos profetas cristãos, principalmente, nesse contexto, do próprio João. O espírito de profecia traz as palavras do Cristo exaltado ao seu povo na terra, confirma no mundo a mensagem das revelações do céu e direciona as orações das igrejas ao seu Senhor no céu. Nessas referências, o Espírito é a presença divina na terra, não no céu, mas, ao contrário dos sete espíritos que são "enviados a toda a terra" (5:6), a esfera do Espírito são as igrejas, onde ele inspira o ministério dos profetas cristãos ao restante da comunidade.

A PROFECIA COMO TESTEMUNHA DE JESUS

Vimos que a diferença entre "os sete espíritos" e "o Espírito" é que os primeiros representam a plenitude do Espírito divino, enviado da presença de Deus, por intermédio da vitória de Cristo, em uma missão ao mundo inteiro — que é o testemunho profético das igrejas ao mundo —, enquanto o segundo diz respeito à profecia cristã dentro das congregações. Sabemos que "o Espírito" fala às igrejas por meio dos profetas, enquanto os sete espíritos dirigem-se a toda a terra por meio delas. No entanto, isso não significa que os dois não estejam ligados. A noção de profecia os conecta. A profecia como a mensagem do Espírito, dada pelos profetas às igrejas, tem o propósito de prepará-las e capacitá-las a oferecer seu testemunho profético ao mundo, inspiradas pelo Espírito.

Encontramos uma declaração fundamental em 19:10: "O testemunho de Jesus é o espírito de profecia". Por mais difícil que seja, isso deve significar que, quando o Espírito inspira a profecia, seu conteúdo consiste no testemunho de Jesus. Nesse contexto, a profecia em questão (e a única forma que Apocalipse usa o substantivo) é a profecia comunicada pelos profetas cristãos às igrejas. Mais imediatamente, é a própria profecia de João, o Livro de Apocalipse (veja 1:3; 22:7,18,19). Portanto, vale enfatizar que o conteúdo de Apocalipse é o testemunho de Cristo, bem como a palavra de Deus (1:2), atestada pelo próprio Jesus (22:20), pelo anjo que a comunica a João (22:16) e pelo próprio apóstolo (1:2). Contudo, se o teor da profecia cristã e, principalmente, de Apocalipse é "o testemunho de Jesus", então os profetas que em seu ministério com as igrejas, podem ser chamados de aqueles "que se mantêm fiéis ao testemunho de Jesus" (o sentido provável sugerido em 19:10), não são de modo algum os únicos cristãos que testificam como Cristo testificou. Todos os crentes, em seu testemunho ao mundo, são os que "se mantêm fiéis ao testemunho de Jesus" (12:17; veja 6:9; 12:11; 17:6; 20:4). Além disso, o vínculo entre o testemunho de Jesus e a palavra de Deus é encontrado como alusão ao próprio Apocalipse como profecia (1:2), bem como em referência aos mártires (6:9; 20:4).

O Apocalipse aponta claramente a distinção entre profetas e outros cristãos (11:18; 16:6; 18:20,24; 22:9), mas pode usar os mesmos termos para a profecia dada pelos profetas às igrejas e para o testemunho dado pelos cristãos fiéis em geral ao mundo. Somente na história das duas testemunhas é que este último é realmente equiparado à profecia (11:3,6,10). Isso não quer dizer que todo cristão deveria ser chamado de profeta, como se as duas testemunhas fossem, pois elas próprias não são, digamos assim, cristãos paradigmáticos, mas, indivíduos simbólicos que representam toda a igreja. Cada cristão, isoladamente, não é um candelabro; apenas uma igreja é simbolizada por esse objeto. É o testemunho da igreja ao mundo que é qualificado como profético em 11:3-13, e não o testemunho individual de cada cristão. É claro que todo crente é chamado a participar desse testemunho, mas isso não significa que cada cristão seja um profeta. É importante observar que, embora o testemunho, em Apocalipse, pareça ser sempre verbal, e que esse testemunho verbal seja exigido de todo cristão em determinadas circunstâncias, ele também está intimamente ligado à obediência aos mandamentos de Deus (12:17).[7]

Isso sugere que o motivo pelo qual o Apocalipse estende a vocação da profecia à igreja como um todo provavelmente não é por causa do pensamento de que todos os cristãos, como membros da comunidade escatológica em que o Espírito foi derramado (veja Atos 2:17), sejam dotados do espírito de profecia e, portanto,

[7]Observe também 14:12, que é outra variação da linguagem de 6:9, 12:11,17, 14:12 e 20:4, mas não se refere ao testemunho verbal.

sejam realmente (Atos 19:6) — ou ao menos potencialmente — profetas. Aparentemente, essa ideia teve certa influência no cristianismo primitivo, embora, no Apocalipse, o pensamento seja outro. Ele está relacionado à ideia da função recém-revelada da igreja de confrontar a idolatria de Roma em um conflito profético, como o de Moisés com o Faraó e seus magos ou o de Elias com Jezabel e seus profetas de Baal, e no poder do Espírito da profecia conquistar as nações para o culto ao Deus verdadeiro. O fato de que a revelação desse papel é o conteúdo principal da própria profecia de João justifica a correlação bem profunda entre a maneira de ele se referir a seu próprio testemunho como profeta (1:2) e a forma de se referir ao testemunho dos cristãos ao mundo. Justifica também a impossibilidade de decidir se, em 10:11, João recebe a ordem de profetizar *para* os povos, de modo que sua função profética seja paradigmática para o testemunho das igrejas ao mundo, ou profetizar *sobre* os povos, em uma profecia para as igrejas, capacitando-as a profetizar para as nações.

Podemos voltar a 19:10 e analisar o versículo inteiro. Quando João se oferece para adorar o anjo, este lhe diz: "Não faça isso! Sou servo como você e como os seus irmãos que se mantêm fiéis ao testemunho de Jesus. Adore a Deus! O testemunho de Jesus é o espírito de profecia". Provavelmente a última frase é mais do que uma observação adicional que explica o que é o "testemunho de Jesus" e, portanto, que os irmãos e irmãs de João que o defendem são os profetas. Está mais ligada ao argumento do anjo. Com as palavras "Adore a Deus!", o anjo traz João de volta ao tema central de todas as profecias e, certamente, da revelação que será a essência da profecia de João. Distinguir o único Deus verdadeiro e sua justiça da idolatria e seus males é o tema da verdadeira profecia. É o tema do testemunho de Cristo, que certamente deve ser continuado por seus seguidores nas cidades pagãs da Ásia. Todavia, uma vez mais, é igualmente o tema da profecia de João e o tema do testemunho profético que sua profecia convida as igrejas a entregar às nações.

Quando o incidente se repete, as palavras do anjo são: "Não faça isso! Sou servo como você e seus irmãos, os profetas, e como os que guardam as palavras deste livro. Adore a Deus!" (22:9). Aqui, os conservos incluem todos os cristãos fiéis que atendem e obedecem à profecia joanina junto aos próprios profetas. É um reconhecimento de que o papel para o qual o Apocalipse chama todos os crentes é essencialmente o mesmo dos profetas: dar o testemunho de Jesus, mantendo-se fiel em palavras e atos ao único Deus verdadeiro e à sua justiça.

AS MENSAGENS PROFÉTICAS ÀS IGREJAS

Vimos que existem vínculos fortes entre, por um lado, a profecia direcionada às igrejas e, por outro, o testemunho profético das igrejas a toda a terra. Ambos são o testemunho de Jesus e da palavra de Deus, e dizem respeito à verdade do único Deus e à sua justiça. Os dois são inspirados pelo Espírito divino como o poder da verdade de Deus no mundo e estão ligados ao estabelecimento de seu reino na terra. A profecia dentro das igrejas as capacita a cumprir seu ministério profético ao mundo, que é seu papel indispensável na vinda do reino de Deus, a tarefa para a qual é função de Apocalipse convocá-las.

Tendo entendido essa conexão entre a profecia às igrejas e seu testemunho ao mundo, podemos ver com maior clareza o significado das sete mensagens a elas dentro do propósito geral de Apocalipse. Várias características delas são dignas de nota:

Em primeiro lugar, notamos um interesse dominante pela verdade nas mensagens. As igrejas são elogiadas por *não negarem* (2:13; 3:8). São reprovadas por terem uma falsa reputação que esconde a realidade de sua condição (3:1) ou por se enganarem sobre sua situação (3:17). A profetisa Jezabel é acusada de iludir (2:20). Existem os falsos apóstolos, que se dizem apóstolos, mas não são (2:2), assim como há aqueles que mentem, se declaram judeus, e não são (2:9; 3:9). Em cada mensagem, com sua abertura "Conheço...", Jesus se dirige às igrejas como aquele que conhece a verdade de sua condição, apesar das aparências enganosas (2:9), das falsas reputações (3:1), da falsa confiança (3:17) e das difamações (2:9). A quem provavelmente afirmava que a participação externa na idolatria era permissível porque o que importa é unicamente a integridade interior de cada indivíduo, ele lembra que vê a verdade dos corações e das mentes (2:23). Ele caminha entre os candelabros, observando sua real condição (2:1), e seus olhos como chama de fogo penetram nas verdades ocultas das intenções, dos pensamentos e sentimentos (2:18). Dessa maneira, a função da profecia destinada às igrejas é expor a verdade desconfortável, assim como as duas testemunhas atormentam os habitantes da terra, trazendo a eles seus pecados (11:10).

Em segundo lugar, quando Cristo, em seu conhecimento sólido da verdade, tem algo contra uma igreja, a consequência fica entre duas alternativas: arrependimento ou julgamento (2:5,16; 3:3,19). São as mesmas opções com que o testemunho das igrejas confronta o mundo (11:3; 14:6-11). (E perceba como o versículo 14:12 mostra que as próprias igrejas não estão além da necessidade de prestar atenção à alternativa apresentada ao mundo em 14:6-11.)

Em terceiro lugar, em sua apresentação da verdade das igrejas, Jesus aparece no papel de "testemunha fiel e verdadeira" e do "amém" (3:14), ou seja, a veracidade divina (Isaías 65:16). Esses títulos aparecem no começo da mensagem à igreja em Laodiceia, provavelmente não por terem mais relevância para essa comunidade do que para as outras, mas porque esta é a última das sete. Assim como a descrição de Cristo no início da primeira mensagem, a Éfeso (2:1), eles se referem ao conhecimento de Jesus de todas as igrejas, caracterizando-o como aquele que oferece evidências reais. Quem aceita essas provas contra si se arrepende, indicando seu teor salvífico. A quem as rejeita, a evidência em si torna-se sua condenação. A testemunha passa a ser o juiz (cf. Jeremias 42:5 e Apocalipse 3:14). Em imagens que antecipam a descrição da parúsia (19:15), ele ameaça travar guerra contra eles com a espada de sua boca (2:16), que é a sua palavra verdadeira de testemunho e, consequentemente, de condenação.

Portanto, o papel da profecia como testemunho de Cristo às igrejas é totalmente paralelo ao testemunho das igrejas, levando a mensagem de Jesus ao mundo. O julgamento na parúsia ameaça as igrejas (2:16; 3:3; veja 16:15), não menos do que o mundo. A profecia avisa sobre esse juízo com intenção salvadora, da mesma forma que o testemunho das igrejas faz com as nações. Desse modo, não existe razão para supor que o famoso dito "Repreendo e disciplino aqueles que eu amo" (3:19) se aplique somente à reprovação de Cristo às igrejas, e não também ao testemunho delas a toda a terra.

Em quarto lugar, as dificuldades domésticas dentro das comunidades são, em parte, paralelas à descrição de Apocalipse do mundo dominado pelo diabo e pelas bestas. A abundância presunçosa dos cristãos da Laodiceia (3:17) é uma consequência do autoengrandecimento explorador babilônico (veja 18:7). A idolatria da prosperidade material típica de Roma caracteriza a igreja inteira. Seu arrependimento disso será equivalente a sair da Babilônia, como o povo de Deus é instado a fazer, renunciando a seus pecados a fim de que não compartilhem seu julgamento (18:4).

Ainda mais íntima é a ligação entre Jezabel e os nicolaítas, por um lado, e os inimigos do reino de Deus, por outro. A idolatria e a fornicação (2:14,20) não são apenas males típicos da sociedade pagã em geral (9:20,21; veja 21:8; 22:15); são também as características dominantes, respectivamente, da besta (cap. 13) e da Babilônia (cap. 17). O que os nicolaítas e Jezabel estão pedindo não é só uma acomodação mínima aos costumes da sociedade pagã em que os cristãos vivem, mas cumplicidade na negação do Deus verdadeiro e de sua justiça, que caracteriza as forças malignas encarnadas no sistema romano. Não é surpreendente que se diga que Jezabel "engana" os cristãos (2:20), palavra usada em outros momentos de Apocalipse exclusivamente para o diabo, o falso profeta e a Babilônia (12:9; 13:14; 18:23; 19:20; 20:3,8,10).

O argumento também é apresentado por meio de trocadilhos. O nome dos nicolaítas, seguidores de Nicolau, que significa "conquistar o povo", faz referência à palavra-chave de Apocalipse, que é "conquistar" (*nikaō*). Seus ensinamentos permitiram que os cristãos fossem bem-sucedidos na sociedade pagã, mas esse foi o sucesso da besta, uma verdadeira conquista dos santos, ganhando-os para o seu lado, em lugar da única vitória aparente que ele alcançou matando-os. Assim, o nome de Nicolau é explicado corretamente pelo de Balaão (2:14), o falso profeta do AT que derrotou muitos dos israelitas com seu plano de seduzi-los à idolatria e à fornicação (Números 25). Quanto a esse evento, a exegese judaica esclareceu que o nome Balaão significa "destruir o povo" (b. Sanh. 105a).

Aqui podemos citar também os "que se dizem judeus e não são" (2:8; 3:9), pois, basicamente, representam um problema doméstico das igrejas cuja maior parte dos líderes e membros é composta por judeus cristãos. É provável que seu afastamento da sinagoga só se tenha completado recentemente, pois as congregações judaicas não cristãs os rejeitaram, chegando até mesmo, em determinadas ocasiões (ao que parece), a denunciá-los às autoridades. Como a linguagem usada para se referir aos judeus não cristãos (2:8; 3:9) agora soa ofensiva e perigosamente antissemita — e, de fato, é, principalmente se repetida fora de seu contexto original —, é importante reconhecer aqui um debate intrajudaico. Não se trata de a igreja gentia alegar substituir o judaísmo, mas de uma divergência como aquela entre o estabelecimento do templo e a comunidade de Qumran, que denunciou seus companheiros judeus como "uma assembleia enganosa e uma congregação de Belial" (1QH 2:22).

Além disso, não é por não serem cristãos que Apocalipse chama alguns judeus não cristãos em Esmirna e Filadélfia de "sinagoga de Satanás", mas por "caluniarem", ou seja, por pronunciarem falsas acusações, que é a característica do diabo (*diabolos* significa "aquele que acusa") e de Satanás (12:9; Satanás quer dizer "acusador" e, nesse sentido, quando se refere ao diabo, significa "aquele que faz acusações falsas"). Também é uma alusão à besta, que blasfema (difama) não apenas contra Deus, mas também contra seu povo (13:6). Ao denunciar os cristãos às autoridades, insistindo que os cristãos judeus não são judeus e, portanto, não deveriam usufruir o *status* legal do judaísmo como religião, apoiam e incentivam a oposição da besta ao louvor ao Deus verdadeiro. É sua própria declaração sobre os cristãos judeus — que, segundo eles, "se dizem judeus mas não são" — que Apocalipse usa contra eles. (Com base no próprio conceito de Apocalipse, vale ressaltar que os cristãos posteriores desempenharam o papel de bestas contra os judeus, que eles dizem que são cristãos, mas não são.) Em seu contexto, a polêmica contra os judeus não cristãos é um exemplo de como as questões do grande conflito entre a besta e as testemunhas de Jesus já influenciam as preocupações mais domésticas das sete mensagens.

É claro que uma igreja que ouve os nicolaítas ou imita a Babilônia não pode dar testemunho fiel da verdade e da justiça de Deus. As igrejas precisam ser expostas ao poder da verdade divina nas palavras de profecia do Espírito se desejarem ser os candelabros com os quais os sete espíritos iluminam o mundo com a luz da verdade.

No entanto, todas as sete mensagens terminam com encorajamento e promessas escatológicas. Independentemente de a necessidade da igreja ser de arrependimento ou simplesmente de perseverança, todas são convidadas a "conquistar", a fim de que possam herdar essas promessas. O ministério profético do Espírito é tanto expor a verdade neste mundo de ilusões e ambiguidade quanto apontar para a era escatológica, quando a realidade de todas as coisas virá à luz. Viver, agora, fiel e corajosamente segundo a verdade de Deus exige uma visão desse futuro escatológico. Essa visão é oferecida pelo Espírito, primeiro em termos adaptados à situação da igreja em cada uma das sete mensagens e, em seguida, muito mais plenamente, no auge de toda a revelação visionária de João: a visão da Nova Jerusalém, na qual nos concentraremos no próximo capítulo.

CAPÍTULO • SEIS

A NOVA JERUSALÉM

AS CIDADES DO APOCALIPSE

O mundo cristão do livro de Apocalipse, bem como o de grande parte do NT, é um mundo de cidades. O público a que a obra se dirige viveu em sete das grandes cidades da Ásia Menor.[1] A maioria dos leitores que vieram depois também teria vivido nas cidades. Os cristãos judeus, como João e muitos de seus seguidores, viviam, tanto geográfica como simbolicamente, entre Jerusalém e Roma. E, como esse também era um contexto em que as cidades costumavam ser personificadas como mulheres, Roma aparece em Apocalipse não como a deusa Roma, como era cultuada nas cidades da Ásia, mas como "a grande prostituta" (17:1). Ela também é chamada de Babilônia, em referência à grande cidade do AT que destruiu Jerusalém e onde os cidadãos de Jerusalém viveram no exílio. Babilônia é a vila romana, construída sobre sete colinas (17:9), mas também representa a influência corruptora que Roma exerceu sobre todas as cidades de seu império. Ela é "Babilônia, a grande mãe das prostitutas" — que, provavelmente, são as outras cidades, como as da Ásia, que compartilham seu luxo

[1]Sobre as cidades, veja espec. C. J. Hemer, *The letters to the seven churches of Asia in their local setting*, JSNTSS 11 (Sheffield: JSOT Press, 1986).

e sua maldade. Quando ela cai, o mesmo acontece com "as cidades das nações" (16:19), o que possivelmente inclui Éfeso, Esmirna, Pérgamo e as demais.

Porém, se a Babilônia é a real cidade de Roma, Jerusalém não é aquela que os romanos capturaram e saquearam algum tempo antes de Apocalipse ser escrito. Existem realmente duas em Apocalipse. A Nova Jerusalém desce do céu para a nova criação e, assim como a meretriz Babilônia, é tanto uma mulher quanto uma cidade: a noiva e esposa do Cordeiro (19:7; 21:2,9) e "a cidade santa, a nova Jerusalém" (21:2), "cidade do meu Deus" (3:12). Babilônia e a Nova Jerusalém são o par contrastante de mulheres-cidades que protagonizam os capítulos posteriores de Apocalipse. Entretanto, assim como a Nova Jerusalém do futuro, há também "a cidade santa" de 11:2 e a mulher celestial de 12:1-6,13-17. A que é mencionada em 11:2 não é a Jerusalém terrena, em que Apocalipse não mostra interesse algum, e 11:1,2 não se refere à queda de Jerusalém em 70 d.C., quando o santuário no templo não estava protegido dos exércitos romanos.[2] Aqui, João apresenta uma releitura das profecias de Daniel acerca da profanação do templo (Daniel 8:9-14; 11:31; 12:11) e talvez, também, as profecias dos Evangelhos, dependentes de Daniel, que profetizaram a queda de Jerusalém (Mateus 24:15; Marcos 13:14; Lucas 21:20-24). Ele as reinterpreta na intenção de se referir à perseguição à igreja no período simbólico de três anos e meio do conflito da igreja com o Império Romano. A cidade santa pisoteada pelos gentios é a igreja fiel em seu sofrimento e martírio nas mãos da besta. O santuário, com seus adoradores, é a presença oculta de Deus para aqueles que o adoram nas igrejas. Em meio à perseguição, eles são mantidos espiritualmente seguros, assim como Cristo prometeu à igreja em Filadélfia "guardá-los" da "hora da provação que está para vir sobre todo o mundo" (3:10). Sofreriam e morreriam, mas permaneceriam protegidos no sentido espiritual. A pequena profecia referente ao templo e à cidade em 11:1,2 corresponde à imunidade

[2]Para uma análise detalhada de Apocalipse 11:1,2, veja cap. 9 ("The conversion of the nations"), em Bauckham, *The climax of prophecy*.

espiritual das duas testemunhas (11:5) e ao seu martírio (11:7,8). A cidade santa pisada pelos gentios está onde as testemunhas jazem mortas, nas ruas da grande cidade (11:7,8).

Pelo mesmo período em que o santuário é guardado, a cidade santa é pisoteada e as testemunhas profetizam (11:1-3), a mulher celestial que deu à luz o Messias é mantida em segurança no deserto (12:6,13-16), enquanto o dragão, em sua perseguição frustrada, volta seus ataques contra os filhos dela (12:13-17). Seu refúgio no deserto é mais um símbolo da mesma segurança espiritual da igreja perseguida, da forma descrita pela proteção do santuário em 11:1,2. Ela está a salvo enquanto a besta governa e leva seus filhos à morte (13:5-7). Ela é a mãe de Jesus e dos cristãos: Eva e Maria, Israel, Sião e a igreja, todos juntos em uma ilustração da essência espiritual do povo da aliança de Deus.[3] Ela é a figura feminina correspondente à cidade sagrada de 11:2.

Desse modo, a Nova Jerusalém do futuro, a noiva do Cordeiro, tem, no presente, uma precursora e uma adversária. A primeira é a cidade santa, mãe Sião. A segunda é a Babilônia, a grande meretriz. Mas enquanto a Babilônia é "a grande cidade que reina sobre os reis da terra" (17:18), a cidade santa existe somente de maneira desconhecida e contraditória. Embora se assemelhe à Nova Jerusalém em sua santidade, contrasta nitidamente com sua glória inquestionável, que será exaltada pelos reis da terra (21:24). E, enquanto a Nova Jerusalém contrasta com a Babilônia em sua maldade, assemelha-se a ela em esplendor e domínio universal.

Fossem eles judeus ou gentios, a maior parte dos leitores de João pertencia a uma cidade. A maioria dos cidadãos das grandes cidades da província da Ásia teria pensado que só seria possível ser completamente humano participando da vida pública de uma cidade. Para os leitores de João que tinham um *status* social elevado e abundância suficiente para participar dessa vida pública — e provavelmente esse era o caso de muitos deles —, o aspecto mais difícil e estranho do cristianismo seria a dimensão da exigência

[3]Cf. J. Sweet, *Revelation* (London: SCM, 1979), p. 194-6.

para que se dissociassem e se afastassem dessa vida pública, por causa da idolatria e da imoralidade a ela associadas. Nas sete mensagens às igrejas, existem muitas evidências de que muitos não tinham a intenção de fazer isso. Ao participarem da prosperidade da vida econômica das cidades, não era só uma vida confortável que estava em jogo, ainda que esse fosse um aspecto muito importante. Havia também a necessidade de pertencer à comunidade cívica, com seus rituais de identidade e orgulho patriótico. E, no primeiro século d.C., isso era inseparável do entusiasmo público por seu vínculo com Roma que as cidades da Ásia demonstravam. É claro que, para os pobres entre os leitores joaninos, pertencer a uma cidade e ao Império Romano teria conotações mais ambivalentes, embora nem sempre meramente negativas.

Os cristãos judeus talvez tenham sentido que sua identidade não dependia tanto de sua participação na vida pública.[4] Como judeus da diáspora, eles estavam habituados a uma lealdade dupla — à sua cidade adotiva e àquela que ainda viam como seu centro nacional e religioso: Jerusalém. Como refúgio simbólico, uma alternativa espiritual a Roma, Jerusalém era muito importante para os judeus da diáspora, mesmo depois de 70 d.C. Todavia, os cristãos judeus em Esmirna e Filadélfia eram desprezados pela comunidade judaica e, de qualquer forma, independentemente de como se sentiam em relação a Jerusalém antes de 70 d.C., é bem provável que a maioria tenha ponderado a destruição do templo para marcar o fim do significado terreno da cidade santa. Foi um julgamento divino definitivo, mas os privou de uma cidade à qual pertencer.

Lembramos que, ao criar um mundo simbólico para seus leitores, parte da estratégia de Apocalipse era redirecionar sua resposta imaginativa ao mundo. Se desejassem distanciar-se da Babilônia e de sua influência corruptora em suas próprias cidades, eles tinham de ver a civilização romana de uma forma diferente daquela

[4]No que diz respeito à dimensão (variada) do envolvimento judaico na vida das cidades da Ásia Menor, veja P. Trebilco, *Jewish communities in Asia Minor*, SNTSMS 69 (Cambridge University Press, 1991).

retratada por sua própria propaganda e necessitavam também de uma alternativa. Se quisessem, metaforicamente, "sair" da Babilônia (18:4), precisariam de um lugar para ir, outra cidade à qual pertencer. Se decidissem resistir ao poderoso fascínio babilônio, precisariam de uma atração alternativa ainda maior. Uma vez que a Babilônia é a grande cidade que governa os reis da terra (17:18), até mesmo sobre a Jerusalém terrena, essa atração alternativa maior só poderia pertencer ao futuro escatológico. É a outra cidade de Deus; a Nova Jerusalém que desce do céu. Pertence ao futuro, porém, por meio da visão de João, já exerce sua atração. Em seu grande e alto monte (21:10), eleva-se acima da impressionante cidadela de Pérgamo, onde estava o trono de Satanás (2:13), e até mesmo acima das sete colinas sobre as quais a Babilônia foi construída (17:9). Seu esplendor, que é a glória de Deus, já atrai pessoas para ela — até mesmo as nações e seus governantes, por meio do testemunho da igreja (21:24). Os leitores de João não podem entrar ainda, mas já antecipam nela um lugar (3:12; 22:14,19) e são parte da noiva do Cordeiro (19:7,8; 22:17), cujo casamento com ele será a chegada da cidade à terra (21:2).

Assim, porque seu centro espiritual no presente é oculto e confrontado (11:1,2), enquanto o esplendor e o poder babilônios dominam o mundo, incluindo a vida de suas cidades, os leitores de João precisam da visão de um centro no futuro escatológico no qual possam viver. Ele tem de ser apresentado como uma opção diferente da Babilônia e, dessa maneira, as visões da cidade prostituta (17:1—19:10) e da noiva do Cordeiro, a Nova Jerusalém (21:9—22:9), formam uma dupla estrutural na última parte do livro. Ambas fazem uso do antigo ideal mítico da cidade como o lugar em que a comunidade humana vive de forma segura e próspera com o divino em seu meio. A Babilônia representa a perversão desse ideal, o que acontece quando, em lugar do verdadeiro Deus, a autodeificação da humanidade é o coração da cidade. Todas as cidades e Estados orgulhosos, tirânicos e opressores, desafiadores de Deus no AT contribuem para essa imagem: Babel, Sodoma, Egito, Tiro, Babilônia e Edom. A Babilônia de Apocalipse resume e ultrapassa todos eles. Porém, os ecos do passado se adaptam à realidade do presente: rapidamente, os leitores de João reconheceriam a Roma contemporânea em suas cores reais. Em contrapartida, a Nova Jerusalém representa o verdadeiro cumprimento do propósito da cidade, um lugar ao qual realmente vale a pena pertencer. Ela retoma o ideal a que a Jerusalém terrena aspirava, mas a ultrapassa em um excesso escatológico já encontrado nas previsões dos profetas do AT. A queda da Babilônia, que ocupa grande parte de Apocalipse, é o que a oposição humana a Deus deve alcançar, embora não seja celebrada por si só. Ela precisa cair com o propósito de que a Nova Jerusalém possa substituí-la. Sua imitação satânica do ideal da cidade dará lugar à realidade divina. Entretanto, João espera que, antes que isso aconteça, não só seus leitores, mas até mesmo, por meio deles, as nações sejam conquistadas e salvas dos encantos ilusórios babilônios para as atrações genuínas da Nova Jerusalém.

Por isso, as duas visões da Babilônia e da Nova Jerusalém apresentam muitos paralelos e contrastes entre si.[5] Uma lista de alguns dos principais modos pelos quais a Nova Jerusalém é apresentada como alternativa de Deus à Babilônia ilustrará o argumento:

1. A noiva casta, a esposa do Cordeiro (21:2,9) *versus* a prostituta com quem os reis da terra fornicam (17:2).
2. Seu esplendor é a glória de Deus (21:11-21) *versus* o esplendor da Babilônia resultante da exploração de seu império (17:4; 18:12,13,16).
3. As nações andam em sua luz, que é a glória de Deus (21:24), *versus* a corrupção da Babilônia e a sedução das nações (17:2; 18:3,23; 19:2).
4. Os reis da terra trazem sua glória a ela (ou seja, seu culto e sua submissão a Deus: 21:24) *versus* a Babilônia governa sobre os reis terrenos (17:18).

[5]Veja C. Deutsch, "Transformation of symbols: the New Jerusalem in Rv 21[3]—22[5]", *ZNW* 78 (1987): 106-26.

5. Trazem glória e honra das nações a ela (ou seja, a glória a Deus: 21:26) *versus* a riqueza luxuosa da Babilônia extorquida de todo o mundo (18:12-17).
6. A impureza, a abominação e a falsidade são excluídas (21:27) *versus* as abominações, impurezas e seduções da Babilônia (17:4,5; 18:23).
7. A água da vida e a Árvore da Vida para a cura dos povos (21:6; 22:1,2) *versus* o vinho da Babilônia que embriaga as nações (14:8; 17:2; 18:3).
8. A vida e a cura (22:1,2) *versus* o sangue dos assassinatos (17:6; 18:24).
9. O povo de Deus é convidado a entrar na Nova Jerusalém (22:14) *versus* o povo de Deus é chamado a sair da Babilônia (18:4).

A NOVA JERUSALÉM COMO LUGAR

A descrição da Nova Jerusalém é uma tecelagem fascinante de muitos fios da tradição do AT em uma imagem coerente e ricamente sugestiva de um lugar em que as pessoas vivem na presença imediata de Deus. Pode ser analisada em seus três aspectos: lugar, pessoas e presença de Deus. Estudaremos um de cada vez, embora seja inevitável nos referirmos aos outros em diversos momentos.

Como um lugar, a Nova Jerusalém é, ao mesmo tempo, paraíso, cidade santa e templo. Como paraíso, é o mundo natural em seu estado ideal, resgatado dos destruidores da terra, reconciliado com a humanidade, cheio da presença divina e mediador das bênçãos da vida escatológica para a humanidade. Como cidade sagrada, cumpre o ideal do lugar antigo,[6] onde céu e terra se encontram bem em seu centro e de onde Deus governa seu mundo e seu povo, as nações são atraídas ao esclarecimento e todos vivem em uma

[6]Veja J. Dougherty, *The fivesquare city* (Notre Dame/ London: University of Notre Dame Press, 1980), cap. 1.

comunidade teocêntrica ideal. Como templo, é o santuário da presença imediata de Deus, onde seus adoradores veem sua face.

O "grande e alto monte" (21:10) para o qual a cidade desce tem uma ancestralidade mitológica extensa, bem como uma derivação imediata de Ezequiel 40:2.[7] É a montanha cósmica na qual o céu e a terra se encontram, os deuses habitam e as cidades sagradas foram construídas com templos em seu centro. O paraíso ficava no "monte santo de Deus" (Ezequiel 28:14). O monte Sião, em que Jerusalém e o templo se situavam, não era fisicamente tão alto, mas era, mitologicamente, uma montanha altíssima (Ezequiel 40:2): "Seu santo monte, belo e majestoso, é a alegria de toda a terra" (Salmos 48:2). Como morada do Senhor, a sede de seu governo, "a cidade do grande Rei", era invencível (Salmos 48). Ainda que o trono de Deus fosse no céu, o monte Sião era o estrado dos seus pés (Salmos 99). Nos últimos dias, deveria ser elevado acima de todas as colinas, tornando-se concretamente o monte cósmico a que foi simbolicamente comparado e o templo em seu topo traria todas as nações até ele (Isaías 2:2). Além disso, era para ser o local do paraíso restaurado (Isaías 11:9; 65:25). Desse modo, o próprio centro da Nova Jerusalém em Apocalipse 21:10 sugere o lugar ideal. Tudo que a Jerusalém terrena não poderia fazer mais do que simbolizar se tornará realidade. Enquanto os construtores da antiga Babilônia (Gênesis 11:1-9) tentaram unir a terra ao céu com o orgulho que João viu repetir-se na Roma contemporânea, a Nova Jerusalém — que vem de Deus — realmente os unirá.

A Nova Jerusalém inclui o paraíso na forma da água da vida (22:1,2; veja 7:17; 21:6; 22:1; 22:17) e da Árvore da Vida (22:2; veja 2:7; 22:14,19). Ambas têm diversas fontes do Antigo

---

[7]Para entender o cenário, veja R. J. Clifford, *The cosmic mountain in Canaan and the Old Testament* (Cambridge: Harvard University Press, 1972); R. L. Cohn, *The shape of sacred space*, AARSR 23 (Chico: Scholars, 1981); F. R. McCurley, *Ancient myths and biblical faith* (Philadelphia: Fortress, 1983), parte 3; W. J. Dumbrell, *The end of the beginning: Revelation 21—22 and the Old Testament* (Hombush West/ Exeter: Lancer/ Paternoster, 1985); B. C. Ollenburger, *Zion the city of the great King*, JSOTSS 41 (Sheffield: *JSOT* Press, 1987).

Testamento que o próprio João combinou (veja, quanto à água, Isaías 49:10; 55:1; Ezequiel 47:1-12; Zacarias 14:8; e, quanto à árvore, Gênesis 2:9; 3:24; Ezequiel 47:12). Juntos, representam o alimento e a bebida da vida escatológica. Na qualidade de vida pertencente à nova criação, esta é eterna, ao contrário da outra, mortal, sustentada pelos alimentos e bebidas obtidos nessa criação. Ela vem de Deus (21:6; 22:1), que é a própria vida da nova criação, mas a ilustração sugere que, como o dom divino da vida mortal é mediado por nós, por esta criação da qual fazemos parte, a vida será mediada, de maneira escatológica, pela nova criação.

De uma forma não tão óbvia, ainda que reconhecida por quem estava familiarizado com as tradições judaicas, a Nova Jerusalém foi construída com pedras preciosas e metais do paraíso. Havilá, que a interpretação judaica incluía no paraíso, era a fonte do ouro e de tais pedras (Gênesis 2:11,12). Além disso, Ezequiel, em um versículo que ecoa em Apocalipse 21:19, diz ao rei de Tiro: "Você estava no Éden, no jardim de Deus; todas as pedras preciosas o enfeitavam" (Ezequiel 28:13). A lista de todas as pedras preciosas que se encontra no texto massorético é idêntica às primeiras nove da relação das doze pedras no peitoral do sumo sacerdote (Êxodo 28:17-20), uma listagem que também recebe a versão de João, como as preciosidades que adornavam os doze fundamentos da Nova Jerusalém (Apocalipse 21:19,20). Ele soube, por meio de Ezequiel, que essa lista representava todas as pedras preciosas existentes no paraíso. Diversas tradições judaicas afirmavam que as joias do peitoral, entre outras, e o ouro usado nas vestes e na decoração do templo provinham de lá (o misterioso Parvaim, fonte do ouro usado no templo de Salomão [2Cr. 3:6; veja 1QGn.Apoc. 2:23], foi vinculado ao paraíso). Ademais, uma tradição exegética anterior ao Apocalipse já havia identificado as pedras preciosas com as quais a Nova Jerusalém seria construída: segundo Isaías 54:11,12, seria com as joias das roupas do sumo sacerdote, que deveriam ser tão brilhantes que funcionariam como o sol e a lua, a fim de iluminar essa cidade (cf. 4QPIs 1:4-9; *LAB* 26:13-15). Dessa forma, não só as doze joias de Apocalipse 21:19,20, mas também as pedras e o ouro com que o restante da cidade é construído (21:18,21), caracterizam a Nova Jerusalém como uma cidade-templo enfeitada com todos os materiais preciosos fabulosamente reluzentes do paraíso. Quando se diz que o lugar inteiro tinha "a glória de Deus, e o seu brilho era como o de uma joia muito preciosa, como jaspe, clara como cristal" (21:11), lembramos que o esplendor do Senhor é "semelhante a jaspe e sardônio" (4:3) e que o mar de vidro diante de seu trono no céu é translúcido como o cristal, refletindo sua glória (4:6). Provavelmente João quer dizer que toda a cidade, com seus adornos fascinantes e seu ouro translúcido (21:18,21), brilham com a magnificência refletida de Deus (veja 21:23).

A fonte paradisíaca dos materiais da Nova Jerusalém mostra que eles não devem ser considerados meras alegorias para atributos dos indivíduos que a habitam. O linho fino com que a noiva do Cordeiro se veste, ao se preparar para seu casamento, representa os atos de justiça dos santos (19:7,8) realizados nesta vida, mas as joias que a enfeitam quando chega o dia das núpcias (21:2,18-21) são a glória dada a ela por Deus na nova criação. São a beleza da nova criação, refletindo o resplendor divino e transformados em um lar para a humanidade glorificada.

No princípio, Deus plantou um jardim para abrigar a humanidade (Gênesis 2:8). No final, ele lhes dará uma cidade. Na Nova Jerusalém, as bênçãos celestiais serão renovadas, mas ela é mais do que o paraíso reconquistado. Como cidade, ela atende ao desejo humano de construir na natureza um lugar terreno de cultura e comunidade humanas. Sabe-se que isso é dado por Deus e, portanto, vem do céu. Contudo, isso não significa que a humanidade não contribua de modo algum para tal. Ela consolida a história e a cultura humanas à medida que se dedica a Deus (veja 21:12,14,24,26), enquanto exclui as distorções históricas e culturais opostas ao Pai que são representadas pela Babilônia (veja 21:8,27; 22:15). Ela vem de Deus no sentido de que todo bem vem dele e tudo que é humanamente bom é melhor ainda quando há reconhecimento de que dele procede. Todavia, a cidade que, ao mesmo tempo, inclui o paraíso intacto (22:1,2) e é adornada com sua beleza (21:19), remete à harmonia da natureza e da cultura terrena a que as cidades antigas aspiravam, mas que as modernas traíram cada vez mais.

Como cidade, a Nova Jerusalém é a sede do reino de Deus. O trono que estava no céu (cap. 4), agora está nela (22:1,3), que é tanto a luz do mundo, mediante a qual os povos caminham (21:24; veja Is 60:3), quanto o centro ao qual as nações e seus reis se dirigem em peregrinação, trazendo honrarias (21:24-26; veja Isaías 60:4-17; Zacarias 14:16). Porém, enquanto em Isaías 60:5-17 a riqueza material das nações é trazida como tributo a Jerusalém, em Apocalipse os reis da terra trazem "sua glória" e as pessoas oferecem "a glória e a honra das nações" (21:26,27). A intenção é possivelmente contrastar com a exploração da Babilônia, da prosperidade de seu império à custa de seus súditos (veja 18:11-14), além de aprofundar o tema da glória que faz parte de toda a descrição. Ao oferecer sua própria magnificência a Deus, evidentemente os reis e as nações não a perdem, mas reconhecem sua fonte em Deus, a quem "glória e honra" pertencem por inteiro. Não é por acaso que tal expressão aparece com tanta frequência nas doxologias de Apocalipse (4:11; 5:12,13; 7:12; veja 19:1).

Em muitos aspectos, a descrição da Nova Jerusalém segue precisamente os modelos do AT (em especial, Isaías 52:1; 54:11,12; 60; Ezequiel 40:2-5; 47:1-12; 48:30-34; Zacarias 14:6-21; Tobias 13:16,17). Sua característica mais singular é a ausência de um templo: "Não vi templo algum na cidade, pois o Senhor Deus todo-poderoso e o Cordeiro são o seu templo" (21:22). Ezequiel chamou a Nova Jerusalém de "O Senhor está aqui" (Ezequiel 48:35), Zacarias declarou que a cidade inteira era tão sagrada quanto o templo (Zacarias 14:20,21) e Isaías, seguido por João (Apocalipse 21:27), excluiu dela os ritualmente impuros, pois também foram repelidos do templo (Isaías 52:1; Salmos 24:3,4). Esses profetas foram longe, no sentido de visualizar toda a cidade como o centro da presença sagrada de Deus, seu verdadeiro "monte santo". No entanto, João parece ter sido o primeiro a eliminar totalmente o santuário. A cidade não precisa de um local especial para a presença de Deus, porque toda a cidade está cheia de sua presença imediata. Como resultado disso, ela se torna um templo. Além das características já citadas, o sinal mais marcante disso é sua forma perfeitamente quadrangular (21:16). Ela é como nenhuma outra cidade jamais imaginada, como o Santo dos Santos no santuário (1Reis 6:20). A assimilação radical da cidade a um templo, ainda mais aprofundada em Apocalipse do que em suas fontes proféticas, mostra quão fundamental é o tema da presença imediata de Deus para todo o conceito da Nova Jerusalém em Apocalipse.

A NOVA JERUSALÉM COMO PESSOAS[8]

Quando João vê a Nova Jerusalém descer do céu (21:3), ouve a proclamação de seu significado:

> Agora o tabernáculo de Deus está com os homens, com os quais ele viverá. Eles serão os seus povos; o próprio Deus estará com eles e será o seu Deus (21:3).

Já assinalamos como essas palavras ecoam tanto a promessa do Senhor de morar em meio ao seu povo Israel e de ser o seu Deus (Ezequiel 37:27,28; veja tb. Zacarias 8:8) quanto a de que muitas nações também serão o seu povo, com quem ele habitará em Sião (Zacarias 2:10,11; veja tb. Isaías 19.25; 56:7; Amós 9:12). A mensagem é programática a todo o relato da Nova Jerusalém na maneira de harmonizar a linguagem do compromisso de Deus com seu povo da aliança com a referência mais generalizada a todos os povos. Ao dizer que "agora o tabernáculo de Deus está com os homens" (*meta tōn anthrōpōn*), João recorre ao termo que costuma empregar para a humanidade em geral (8:11; 9:6,10,15,18,20; 13:13; 14:4; 16:8,9,21). Ao afirmar que "serão os seus povos" (*laoi*), ele prefere fazer uso da forma mais comum "nações" (*ethnē*,

[8]Para entender o argumento dessa seção em maiores detalhes, veja cap. 9 ("The conversion of the nations") em Bauckham, *The climax of prophecy*.

veja 2:26; 11:18; 12:5; 14:8; 15:3,4; 18:3,23; 19:15; 20:3), o plural da palavra que representa o povo do pacto de Deus (p. ex.: Ezequiel 37:27). Agora, que sua gente cumpriu seu papel de ser luz para as nações, todas as nações compartilharão os privilégios e as promessas do povo pactual.

Existem duas vertentes de linguagem e simbolismo — referindo-se, respectivamente, ao povo da aliança e às nações — que permeiam todo o relato. Antes de tudo, a história de Israel e da igreja serão cumpridas na Nova Jerusalém. Os nomes das doze tribos israelitas estão em suas portas (Apocalipse 21:12), como na visão de Ezequiel (Ezequiel 48:30-34), enquanto os nomes dos doze apóstolos estão em seus fundamentos (Apocalipse 21:14). As estruturas e dimensões da cidade são compostas pelos números simbólicos do povo de Deus: doze (21:12-14,16,19-21; veja 22:2) e 144 (21:17; veja 7:4; 14:1). Afinal de contas, é a *Nova Jerusalém*. Quando a fórmula do pacto do AT ("Eles serão o meu povo; e eu serei o seu Deus"), que foi ajustada para ser aplicada a todas as nações em 21:3, é adaptada novamente em 21:7, mostra a promessa de Deus aos cristãos mártires, as testemunhas fiéis em quem os leitores de João são chamados a se tornar, resumindo todas as promessas feitas aos que "conquistam", nas sete mensagens às igrejas. Além disso, o ápice de todo o relato da Nova Jerusalém (22:3b-5) retrata o destino de ser um "reino e sacerdotes para o nosso Deus" (5:10; veja 1:6), que o Cordeiro comprou para seus seguidores cristãos (5:9; 1:5). Na Nova Jerusalém, adorarão a Deus em sua presença imediata, como sacerdotes (22:3b-4), e compartilharão seu reinado, como reis (22:5).

Por outro lado, as nações andam na luz da cidade (21:24), a glória e a honra das nações lhe são trazidas (21:26) e os reis da terra lhe oferecem sua magnificência (21:24). Essa referência aos "reis da terra" é a última citação de uma frase que foi usada em todo o Apocalipse para se referir aos governantes que se envolvem com a Babilônia e a besta em oposição ao reino de Deus (6:15; 17:2,18; 18:3,9; 19:19; aludindo a Salmos 2:2) e a quem Jesus está destinado a dominar (1:5; veja 17:14; 19:16). Essas menções ao relacionamento dos povos e reis com a Nova Jerusalém se baseiam na visão de Isaías de que ela governa o mundo (Isaías 60:3,5,11). Ainda mais impressionante é a forma que em Apocalipse 22:2 João adapta outra profecia do AT para aludir às nações. A descrição da Árvore da Vida em 22:2 tem como base Ezequiel 47:12, mas enquanto em Ezequiel as árvores dão frutos todos os meses, João entende que isso significa que produzem doze tipos de frutos; enquanto em Ezequiel as folhas das árvores são consideradas simplesmente recursos de cura, João especifica "a cura das nações". Desse modo, segundo seu propósito em toda a descrição da Nova Jerusalém, ele combina uma menção ao povo da aliança (o número doze) com uma referência às nações.

A união do particularismo (referência ao povo da aliança) com o universalismo (referência às nações) no relato da Nova Jerusalém pode ser explicada de três maneiras. Em primeiro lugar, argumenta-se que João pretende fazer alusão apenas ao povo do pacto redimido de todos os povos (5:9,10). Quando as nações rebeldes forem julgadas, esse povo herdará a terra e se tornará as nações e os reis do mundo no lugar daqueles que uma vez serviram à Babilônia e à besta. Essa explicação não leva tanto a sério o verso 21:3, em que o sentido geral de toda a declaração fica claro no começo, bem como a evidência que estudamos em nosso capítulo 4, que indica que, em Apocalipse, o testemunho da igreja tem como objetivo provocar a conversão do mundo. Em segundo lugar, é possível pensar que o povo da aliança é composto pelos habitantes da própria Nova Jerusalém (22:3b-5), enquanto as nações e seus reis vivem fora dela e a visitam (21:24-26). Com base nesse ponto de vista, as bênçãos escatológicas são compartilhadas com o mundo, mas o povo do pacto recebe um privilégio especial. Contudo, essa perspectiva também não leva muito em conta o versículo 21:3, que afirma que todas as nações são povos da aliança. Se elas, junto aos reis da terra, entram na cidade pelas suas portas (21:24-26), o mesmo acontece com os mártires cristãos (22:14). A imagem passa uma ideia de inclusão total das nações nas bênçãos pactuais, e não de sua exclusão parcial. A terceira explicação é a mais provável: que a mistura intencional de representações particulares e generalizadas em todo o relato é uma forma de manter a perspectiva dada em 21:3. Ela combina as promessas do AT para o destino do povo de Deus com a esperança universal, também encontrada no AT, de que todas as nações se tornarão esse povo. A história do povo da aliança — tanto dos israelitas quanto da igreja que é redimida de todas as nações — será cumprida escatologicamente na inclusão completa de todos em seus privilégios e promessas do pacto.

O universalismo da visão da Nova Jerusalém completa a direção para a conversão das nações que já foi indicada com bastante clareza em 11:13; 14:14-16; 15:4. Sua dimensão mundial não pode ser minimizada. Todavia, isso não pode significar que Apocalipse prediz a salvação de cada ser humano. Há duas passagens (21:8,27; veja 22:15) que impossibilitam essa conclusão. Os pecadores que não se arrependem não têm lugar na Nova Jerusalém. As duas passagens defendem esse ponto de modos diferentes e complementares. O versículo 21:8 é a contrapartida da promessa daquele que triunfa em 21:7. Ele avisa aos cristãos que, se não forem testemunhas fiéis e optarem por se envolver com os pecados da Babilônia, não herdarão a cidade santa, a Nova Jerusalém. Eles sofrerão o julgamento do mal da Babilônia (veja 18:4). (A mesma combinação de promessa e advertência aos crentes é encontrada em 22:14,15.) Em 21:8, a imagem usada para o destino dos pecadores é a do juízo divino (veja 2:11; 14:10; 18:8; 19:20; 20:10,14-15). Em 21:27, vemos a imagem da exclusão dos impuros da presença sagrada de Deus em sua cidade santa (veja Isaías 52:1). Aqui, aqueles que são ameaçados de expulsão são os membros das nações e seus reis (21:24-26) que não se arrependerem (veja 14:6-11).

A NOVA JERUSALÉM COMO PRESENÇA DIVINA

O teocentrismo de Apocalipse, tão evidente nos capítulos 4 e 5, concentra-se novamente na descrição da Nova Jerusalém. A criação de Deus atinge seu cumprimento escatológico ao se tornar o cenário da presença imediata de Deus. Isso é o que há de "novo" na nova criação. É a antiga criação repleta da presença de Deus.

Antes do capítulo 21, Apocalipse limita a presença de Deus — "aquele que se senta no trono", ao céu, onde está seu trono. Isso não significa que ele não esteja presente agora no mundo em qualquer sentido, mas que sua presença é paradoxal apenas de maneira oculta e contraditória. Ele está junto de seus adoradores no santuário, que é a realidade velada e interna da igreja perseguida (11:1,2; veja 13:6). Ele está presente como o Cordeiro que foi morto e também como o Espírito no testemunho fiel dos seguidores de Cristo que o acompanham até à morte. Porém, enquanto a besta domina o mundo e a humanidade em geral se recusa a glorificar a Deus, sua presença evidente, a magnificência que é inseparável de seu reinado, aparece unicamente no céu. E, quando sua glória é manifestada no alto, seu efeito na terra é o juízo destrutivo do mal (15:7,8). Apenas quando toda a perversidade tiver sido destruída e seu reino vier, o trono de Deus estará no mundo (22:3). Então, quando a Nova Jerusalém descer do céu, Deus fará sua morada com a humanidade na terra (21:3). As palavras gregas que 21:3 usa para "habitar" (*skēnē*) e "morar" (*skēnoō*) são aquelas que o grego judeu empregava como transliterações próximas do hebraico *mishkan* e *shakan*, que aparecem no AT como referência à presença de Deus no tabernáculo e no templo. Uma vez que toda a Nova Jerusalém é um santo dos santos, a presença imediata de Deus a preenche. No lugar de um templo, a companhia ilimitada de Deus e do Cordeiro (21:22). Assim como no santuário (p. ex., em Ezequiel 43), essa presença escatológica divina envolve santidade e glória, e é também a fonte da nova vida da nova criação.

A santidade, que já foi mencionada, é que exclui os impuros da cidade santa (21:27, veja 2,10), mas a cidade que é permeada pela santidade divina está igualmente cheia do esplendor de Deus. Ela não precisa do sol, da lua ou de lâmpada (21:23; 22:5), pois tem a glória de Deus (21:11) refletida no brilho de sua resplandecência multicolorida (21:11,18-21). Portanto, a criação tem um propósito moral e religioso — sua dedicação a Deus cumprida na santa presença do Senhor — e um objetivo estético — sua beleza cumprida em refletir a glória de Deus. O segundo é tão teocêntrico quanto o primeiro. A nova criação, bem como a antiga, terá sua própria beleza dada por Deus, e será ainda mais bela pelo seu reflexo evidente do próprio esplendor divino. Da mesma forma, as nações e os reis desfrutarão sua própria glória — todos os bens da cultura humana —, principalmente ao dedicá-la à glória de Deus Ele será "tudo em todos" (1Coríntios 15:28), não por meio da negação da criação, mas pelo imediatismo de sua presença em todas as coisas.

A presença de Deus, como "aquele que vive para todo o sempre" (4:9,10; 10:6; 15:7), também significa vida no sentido mais completo: além do alcance de tudo o que agora a ameaça e a contradiz, a vida é eterna porque está imediatamente conectada à sua fonte perpétua no Senhor. Portanto, Deus dá a água da vida (21:6), que flui de seu trono (22:1) e rega a Árvore da Vida (22:2). Toda tristeza, todo sofrimento e morte são eliminados permanentemente (21:4). Essa promessa está, de modo significativo, diretamente ligada à presença de Deus (21:3), por meio da bela imagem que João criou com base em Isaías: o próprio Deus "enxugará dos seus olhos toda lágrima" (21:4; também 7:17; veja Isaías 25:8). Considerando que os atos de julgamento do Senhor foram atribuídos apenas de forma indireta à sua ação, por meio de intermediários, aqui se diz que o próprio Deus enxuga as lágrimas da face de todas as suas criaturas que sofrem. O amor de Deus, para o qual Apocalipse raramente usa a palavra "amor" (veja 1:5; 3:9,19; 20:9), dificilmente poderia ser descrito de forma mais vívida.

Com a última cena em volta do trono de Deus e do Cordeiro (22:3b-5), somos reconduzidos ao símbolo principal de todo o livro: o trono divino, com sua combinação de imagens cultuais e políticas, que apareceu pela primeira vez nos capítulos 4 e 5. Precisamos notar um contraste. Nesses dois capítulos, no céu, os seres viventes formam um círculo interno de sacerdotes na presença imediata de Deus e os 24 anciãos formam um círculo interno de tronos que compartilham o governo de Deus. Eles medeiam o louvor do restante da criação. No entanto, no capítulo 22, todos os que podem entrar na Nova Jerusalém têm acesso imediato ao trono de Deus na terra. São sacerdotes que o adoram e reis que reinam com ele.

No templo terreno em Jerusalém, o sumo sacerdote usava apenas uma vez por ano o nome sagrado de Deus em sua testa e entrava em sua presença imediata no Santo dos Santos. Na Nova Jerusalém, que é o eterno santo dos santos do Senhor, todos desfrutarão esse imediatismo sem interrupção. Entretanto, nada expressa esse imediatismo de maneira mais clara do que as seguintes palavras: "Eles verão a sua face" (22:4). Esse é o rosto de Deus que ninguém na vida mortal poderia ver e sobreviver (Êxodo 33:20-23; Juízes 6:22,23); pode-se ver somente qual é o desejo religioso humano mais profundo, a ser realizado apenas além desta vida finita (Salmos 17:15; 1Coríntios 13:12; veja *4Esdras* 7:98). A face expressa quem uma pessoa é. Contemplar o rosto de Deus é o equivalente a saber quem é ele em seu ser pessoal. Esse será o cerne da alegria eterna da humanidade em sua adoração eterna ao Senhor.

Quanto à imagem do governo de Deus no reino escatológico, o mais impressionante é o fato de que todas as consequências da distância entre o "que estava sentado no trono" e o mundo que ele governa desapareceram. Seu reino acaba sendo completamente diferente do da besta. Ele é cumprido não na sujeição dos "servos" de Deus (22:3) ao seu domínio, mas em seu reinado com ele (22:5). A questão não é reinarem sobre alguém, mas que o governo de Deus sobre eles é, sob sua perspectiva, uma participação em seu governo. A ilustração expressa a reconciliação escatológica do domínio de Deus e da liberdade humana, que também se manifesta no paradoxo de que o serviço a Deus é a liberdade perfeita (veja 1Pedro 2:16). Visto que a vontade de Deus é a verdade moral de nosso próprio ser na condição de suas criaturas, encontraremos nosso cumprimento somente quando, por meio de nossa obediência livre, sua vontade se tornar também o desejo espontâneo de nossos corações. Assim, na perfeição do reino divino, a teonomia (governo de Deus) e a autonomia humana (autodeterminação) coincidirão por completo. Dessa forma, o uso final de Apocalipse de sua representação central do trono de Deus (22:3b-5) o liberta de todas as associações do poder terreno, que sempre terá seguidores, e o torna um símbolo puro do teocentrismo de sua visão de realização humana.

CAPÍTULO • SETE

APOCALIPSE *para* *os* DIAS ATUAIS

A PROFECIA CANÔNICA CRISTÃ

O Apocalipse tem lugar único no cânon cristão das Escrituras. Trata-se da única obra profética cristã que faz parte desse cânon. Além disso, é considerada o ponto máximo de toda a tradição da profecia bíblica. Sua continuidade com a profecia do AT é intencional e impressionantemente abrangente. O argumento pode ganhar ainda mais ênfase se comparado a outro grande volume profético que sobreviveu: aquele conhecido como *O pastor*, do romano Hermas, livro popular na igreja primitiva, embora não aceito no cânon. Apesar — ou talvez por causa — de sua consciência profética cristã, Hermas praticamente ignora o AT. João mergulha nesse texto não só como o meio segundo o qual ele pensa, mas também como a Palavra de Deus que, mais uma vez, ele interpreta para uma época em que o propósito escatológico de Deus começou a ser cumprido. Ele reúne todos os fios da expectativa do AT que entendeu apontar em direção ao futuro escatológico, colocando-os sob uma nova visão de como devem ser concretizados.

Ele vê a unidade da profecia do AT em sua esperança pela vinda do reino universal de Deus na terra. Ele a interpreta levando em conta o início do cumprimento dessa esperança na vida, morte e ressurreição de Jesus, bem como na transformação consequente do povo de Deus em um povo reunido de todas as nações. Ele interpreta o AT com base em Cristo e sua igreja, e também por meio da profecia do AT. O AT lhe oferece a expectativa de que o reino universal de Deus deve vir. Sua fé cristã lhe dá a convicção de que é por intermédio da vida, morte e ressurreição de Jesus que ele virá. Mas ele também é um profeta com uma nova revelação a comunicar, isto é, que a igreja é chamada a participar da vitória de Cristo sobre o mal, seguindo o mesmo caminho que ele trilhou, do testemunho fiel da verdade até à morte. Esse será o confronto final do povo de Deus contra os poderes deste mundo que se opõem ao seu governo. Assim, a verdade prevalecerá sobre as mentiras pelas quais o mal governa. Dessa maneira, as nações podem ser conquistadas para a adoração do único Deus verdadeiro. Nesse sentido, Cristo provará ser aquele que cumpre todas as promessas do Pai. Então, o reino universal de Deus, para o qual toda a tradição profética bíblica finalmente aponta, virá à terra.

Dessa forma, a revelação profética de João do propósito divino, que ele afirma ter sido revelada a ele por Jesus, o qual, por sua vez, a recebeu de Deus, é o ponto principal em torno do qual ele reúne uma grande variedade de representações e expectativas de toda a tradição profética antes de seu tempo. O processo de interpretar Jesus à luz do AT e o AT com base em Jesus, que estava acontecendo na igreja primitiva desde o princípio, e que precisava seguir adiante se a igreja não rompesse a continuidade completa de Jesus com a tradição religiosa de seu povo, chega ao ápice em relação à nova revelação joanina. É claro que isso é relativamente novo. Ele traz clareza às sugestões do AT e da concepção cristã da época que o próprio João é capaz de interpretar conforme sua revelação. Acima de tudo, ele renova uma visão do futuro extraída da tradição profética, agora visualizada de um novo modo. Pequenos grupos de cristãos em ambientes hostis, que carregam a tendência natural de assimilar ou se entregar, são desafiados a entender essa visão aceitando todo o poder do Império Romano e conquistando as nações para Deus pelo testemunho fiel de sua verdade. Da nossa perspectiva do século 20, necessitamos de imaginação para compreender toda a ousadia profética da visão joanina.

Graças ao seu caráter e à sua relação com o restante do cânon cristão das Escrituras, o lugar que Apocalipse ocupa agora, no final do cânon, não poderia ser mais apropriado. Nenhum outro livro reúne de forma tão abrangente toda a tradição bíblica em sua direção ao futuro escatológico. Ele percebe o sentido em que a história bíblica, especialmente seu ápice no evento de Cristo, aponta para o reino universal de Deus, e confere a todo o cânon a essência da obra que nos permite viver em direção a esse futuro.

PROFECIA VERDADEIRA?

A aceitação de Apocalipse pela igreja no cânon do NT foi um reconhecimento desse livro como uma profecia verdadeira. Todavia, tanto na igreja primitiva quanto, mais uma vez, no século 16, quando as questões de canonicidade foram, até certo ponto, retomadas, houve quem rejeitasse esse livro. Sabe-se que quem duvidou de seu valor raramente se envolveu com aspectos mais do que superficiais do livro. Porém, na história cristã mais recente, a ideia de que sua condição de Escritura cristã é problemática tem sido mais difundida. Não podemos evitar a questão: é uma profecia verdadeira? Uma resposta justa deixará claro que essa pergunta não pode ter resposta pelo julgamento de indivíduos ou grupos. É a aplicação da Escritura como tal pela comunidade eclesiástica como um todo ao longo dos muitos séculos de história em uma variedade ampla de contextos que justifica sua capacidade de comunicar a Palavra de Deus ao seu povo. O espaço impede uma pesquisa das muitas formas pelas quais Apocalipse foi usado — correta e incorretamente — na história da igreja. Porém, tal estudo mostraria que a impressão popular de que é uma reserva especial de agrupamentos sectários levados pela fantasia milenar é profundamente enganosa. É claro que tais grupos existiram e continuam existindo. Entretanto, o Apocalipse tem inspirado constantemente a visão de Deus de toda a igreja e seu propósito para a história e o futuro escatológico, e talvez principalmente sua liturgia, hinos e arte.[1] É o livro tanto dos mártires[2] quanto dos visionários: os dois grupos que salvaram a igreja tantas vezes de trair seu testemunho por estar comprometida e agir conforme o mundo. Tem sido uma fonte constante de crítica profética da própria igreja, do Estado e da sociedade.[3]

No entanto, vale a pena levantar a questão do *status* de Apocalipse como verdadeira profecia como um modo de confrontar algumas das questões que influenciam sua interpretação como Palavra

---

[1]Para mais sobre Apocalipse na arte, veja M. R. James, *The Apocalypse in art* (London: Oxford University Press, 1931); F. van der Meer, *Apocalypse: visions from the Book of Revelation in Western art* (London: Thames & Hudson, 1978); R. Petraglio et al., *L'Apocalypse de Jean: traditions exégétiques et iconographiques III-XIII siècles* (Genebra: Librairie Droz, 1979). Ainda que o texto apresente uma abordagem um tanto excêntrica de Apocalipse, G. Quispel, *The secret Book of Revelation* (London: Collins, 1979) é ilustrado magnificamente com muitos exemplos da história da arte ocidental. Embora a influência apocalíptica na liturgia e nos hinos seja marcante, não conheço nenhum estudo referente ao assunto. Um compositor de hinos escreveu um comentário devocional sobre Apocalipse, intercalado com versos: C. Rossetti, *The face of the deep*, 4. ed. (London: SPCK, 1902).

[2]Veja, p. ex., W. H. C. Frend, *Martyrdom and persecution in the early church* (Oxford: Blackwell, 1965); R. Bauckham, *Tudor Apocalypse* (Appleford: Sutton Courtenay Press, 1978), espec. o cap. 2. Um comentário sobre Apocalipse que o aplica a uma situação moderna de opressão (o sofrimento de negros sul-africanos em decorrência do *apartheid*) é A. A. Boesak, *Comfort and protest* (Edinburgh: Saint Andrew Press, 1987). Observe também a inspiração do Apocalipse nos escravos negros americanos espirituais (G. S. Wilmore, *Last things first* [Philadelphia: Westminster, 1972], p. 77-8) e nas meditações escritas na prisão pelo pastor romeno Richard Wurmbrand, *Sermons in solitary confinement* (London: Hodder & Stoughton, 1969), espec. p. 87 e 180.

[3]Sobre o período medieval e início da Idade Moderna, veja M. Reeves, "The development of apocalyptic thought: medieval attitudes"; J. Pelikan, "Some uses of the Apocalypse in the magisterial Reformers"; e B. Capp, "The political dimension of apocalyptic thought", tudo em C. A. Patrides; J. Wittreich, *The Apocalypse in English Renaissance thought and literature* (Manchester University Press, 1984), p. 40-124 (com referências a outras obras). Para um exemplo moderno, veja Daniel Berrigan, *Beside the Sea of Glass: the song of the Lamb* (New York: Seabury, 1978). Veja tb. C. Rowland; M. Corner, *Liberating exegesis: the challenge of liberation theology to biblical studies* (London: SPCK, 1990), cap. 4; O. O'Donovan, "The political thought of the Book of Revelation", *TynB* 37 (1986): 61-94.

de Deus para a igreja dos dias atuais. Podemos começar observando que a continuidade do livro com o AT, que nossa última seção destacou, é exatamente o que ofende alguns críticos modernos. Com uma frase famosa, Rudolf Bultmann o condenou como o "judaísmo cristianizado de maneira fraca".[4] Contudo, a expressão trai a influência da tendência do cristianismo do século 19 e do começo do século 20 de negar suas raízes judaicas. Além disso, faz a sugestão extraordinária de que apenas o que não é judeu é genuinamente cristão e que o cristianismo, de alguma forma, negou o judaísmo. Temos de ser capazes de reconhecer nessa abordagem não só a tendência inconsciente ao antissemitismo, mas também quão grotesca ela é, a julgar pelo padrão de toda a concepção cristã, que, de forma sistemática, declarou forte envolvimento com o AT. Ademais, é historicamente implausível. Como sabemos, não somente Apocalipse, mas também todos os documentos do NT, são produtos de um movimento apresentado como uma modalidade de judaísmo do primeiro século diferente de outras formas não pelo que negava nos princípios religiosos judaicos, mas pelo que afirmava sobre como as esperanças para o reino de Deus estavam sendo cumpridas por Jesus, o Messias.[5] Apenas o gnosticismo cristão tentou negar a continuidade. Ao desenvolver, de forma tão abrangente, a relação entre a fé e a esperança que os cristãos depositaram em Cristo e a tradição do AT de fé e expectativa em Deus, Apocalipse afirma, de forma impressionante, aquilo em que todos os cristãos da época acreditavam. Além disso, vale lembrar que nenhum outro livro do NT se iguala ao universalismo espantoso da esperança apocalíptica para a conversão das nações e também que isso está firmemente enraizado na expectativa geral da tradição profética do AT. Ao se tornar uma religião global, o cristianismo não rompeu com a tradição religiosa judaica; o cristianismo deu continuidade a essa tradição.

[4]R. Bultmann, *Theology of the New Testament*, vol. II, trad. para o inglês K. Grobel (London: SCM, 1955), p. 175.

[5]Veja J. D. G. Dunn, *The partings of the ways* (London: SCM, 1991).

Isso significa que a ideia de Apocalipse ser uma profecia deve ser interpretada com base em seu envolvimento contínuo com toda a tradição profética bíblica. Isso deve ser entendido nos termos da natureza da profecia bíblica em geral, sobre a qual é válido repetir o lugar-comum de que a profecia bíblica é muito mais do que predição. Assim como as profecias como um todo, é possível afirmar que Apocalipse, no sentido profético, inclui três elementos intimamente ligados. Em primeiro lugar, há o *discernimento* da situação contemporânea por meio de uma visão profética da natureza e do propósito divino. Notamos a preocupação profética dominante do Apocalipse em expor a verdade das coisas — tanto nas igrejas quanto no mundo — e em revelar como elas se parecem da perspectiva do governo celestial de Deus. Desse modo, a ideologia enganosa do poder romano é apresentada e as igrejas são alertadas quanto à realidade do contexto em que são chamadas a testemunhar. Em segundo lugar, existe uma *predição*. Na visão de João, ele não vê só "o que é", mas também "o que está por vir" (1:19; veja 4:1; 1:1). Essencialmente, essa visão consiste em descobrir como o propósito final de Deus para a vinda de seu reino universal se relaciona com o cenário contemporâneo da forma que é percebido pelo profeta. O que *deve acontecer* é a vinda do reino de Deus — ou ele não seria Deus. A profecia como predição revela como a condição presente deve mudar, uma vez que o reino de Deus está por vir. Em terceiro lugar, a profecia exige de seus ouvintes uma *resposta* adequada à sua noção da verdade do mundo atual e sua antecipação do que o cumprimento do propósito divino significa para o mundo dos dias atuais. É esse último elemento que garante que o fator preditivo na profecia bíblica não seja fatalista. Isso deixa espaço para a liberdade humana e para sua resposta à vontade de Deus, além da participação do homem em seu propósito na terra. A ameaça de julgamento de Jonas sobre Nínive não foi cumprida porque a cidade reagiu à sua predição se arrependendo. O reino de Deus virá — ou ele não seria quem é — e como isso se concretizará está condicionado à resposta do homem e à autonomia divina de abraçar a liberdade humana em seu propósito. Sabemos que a apocalíptica judaica tendia a uma visão mais determinista da história do que era comum na profecia do AT, mas vimos que, nesse sentido, João está mais próximo da perspectiva profética mais antiga. Sua profecia não predetermina o resultado do chamado da igreja para dar testemunho às nações. Tudo o que é incondicional é que o reino de Deus virá e trará a renovação escatológica de sua criação. Porém, ao lado da expectativa da conversão de todos os povos à adoração do Deus verdadeiro, está a ameaça de juízo sobre o mundo em sua recusa final a reconhecer o governo de Deus.

Observamos, diversas vezes, que o Apocalipse não prediz uma sequência de eventos, como se fosse uma história escrita antecipadamente. Essa incompreensão do livro[6] não sobrevive a um estudo sério e sensível de suas ilustrações. O que está especificamente predito para ocorrer entre o presente e a parúsia, a chegada definitiva do reino, é um período de conflito entre a igreja e a besta, em que a primeira dará seu testemunho profético às nações, perseverando em sua lealdade ao Deus verdadeiro até à morte. Nessa época, os poderes do mal farão todo o possível para suprimir o testemunho da igreja, mas seu sucesso em matar os cristãos será a oportunidade para que a verdade do testemunho da igreja prove seu poder de convencer e converter os povos. Esse tempo "curto" antes do fim (veja 12:12) é representado pelo período apocalíptico de três anos e meio, um símbolo tradicional da duração do ataque final dos

[6]É um mal-entendido encontrado tanto na tradição de interpretação "historicista", que considera Apocalipse um relato simbólico de toda a história da igreja, desde o tempo em que foi escrito até a parúsia (para essa tradição no século 16, veja Bauckham, *Tudor Apocalypse*, espec. cap. 4; e, para um grande clássico dessa tradição, veja os quatro volumes de E. B. Elliott, *Horae Apocalypticae*, 5. ed. [London: Seeley, Jackson & Halliday, 1862]), quanto na concepção "futurista" da interpretação, que vê Apocalipse como uma declaração simbólica dos últimos anos de história antes da parúsia (para uma versão recente bastante popular dessa ideia, veja Hal Lindsey, *The late great planet Earth* [Londres: Lakeland, 1971] [edição em português: *A agonia do grande planeta Terra* (São Paulo: Mundo Cristão, 1973], e a crítica em C. Vanderwaal, *Hal Lindsey and biblical prophecy* [Ontario: Paideia, 1978]).

inimigos de Deus contra seu povo antes do fim. Ele termina com o próprio fim, a vinda de Cristo para reunir as nações convertidas em seu reino e acabar com toda oposição ao seu governo. Isso é descrito em uma variedade imensa de imagens simbólicas, assim como a consumação escatológica da criação na presença imediata de Deus que se segue.

Assim, o que João prevê da história antes do fim é que haverá o grande conflito, a luta de vida ou morte entre a besta e a igreja, em que a estratégia secreta do Senhor para que os seguidores do Cordeiro participem da vinda do reino de Deus terá efeito. É claro que até mesmo isso é menos uma predição do que um chamado à igreja para provocar e vencer o confronto mantendo o testemunho fiel. Entretanto, sabe-se que nenhuma sequência de eventos nesse tempo final da história é predita. O caleidoscópio de imagens com que João o descreve diz respeito à sua natureza e ao seu significado. Explora o caráter do poder e da falsidade da besta, a ineficácia de meros juízos para trazer arrependimento, a força do testemunho de sofrimento para convencer da verdade, a relação do testemunho da igreja com o de Jesus, e assim por diante. Acima de tudo, dá à igreja a perspectiva celestial sobre o sentido do confronto e a natureza da vitória de que necessitará a fim de perseverar em seu caro testemunho.

A qualquer um que aceite o elemento perceptivo na profecia joanina, é evidente o sentido extraordinário em que esse elemento provou ser real nos dois séculos após ter sido escrito. No final da época das perseguições, na véspera da Revolução Constantiniana, que mudou, de forma significativa, a relação entre a igreja e o império, os cristãos, embora ainda fossem minoria, tornaram-se um pequeno grupo digno de ser considerado. Durante a maior parte desse tempo, a intolerância era local e momentânea, mas, no terceiro século, o crescimento do cristianismo provocou uma série de intensas perseguições que consistiam em tentativas obstinadas de erradicá-lo. O cristianismo não era considerado meramente mais um culto oriental corrompido, mas um conflito com toda a visão pagã do mundo e, principalmente, com as declarações absolutistas da ideologia imperial romana. Durante todo esse período, o martírio desempenhou importante função no sucesso do evangelho cristão. É claro que a evidência histórica não está disponível para analisá-lo em relação a outros fatores. Contudo, sabe-se que, além de o martírio ser muitas vezes a forma que as declarações do Deus cristão são levadas à inescapável atenção pública, a disposição dos mártires em morrer e como morreram eram consideradas coerentes com a natureza da mensagem religiosa em que acreditavam. Ademais, a profecia de João desempenhou o papel — exatamente como era o plano — de oferecer à igreja a visão que tornou o martírio possível e significativo.[7]

A natureza da vitória histórica do cristianismo sobre o império pagão é, obviamente, muito mais ambígua. No império cristão e em seus sucessores, a besta reaparecia constantemente sob novos disfarces. O leitor de Apocalipse não precisa surpreender-se, uma vez que a besta e a Babilônia já têm seus equivalentes e agentes dentro das sete igrejas da Ásia. Todavia, sabe-se que a conversão imperial não foi a vinda do reino escatológico. A história, com toda a sua ambivalência como cenário de luta entre a verdade e a mentira, em que o reino de Deus está presente unicamente de forma oculta e contraditória, e a força do diabo de enganar as nações com as idolatrias do poder e da prosperidade não foi de modo algum eliminada, segue em frente continuamente. Além disso, a história que esboçamos é uma parcela pequena, embora significativa, da história mundial. Até mesmo para João, que deve ter conhecido muitos povos, e não só os partos, muito além das fronteiras do império, as declarações de que a besta domina todas as nações do mundo (13:7,8) e que todas as nações do mundo beberam o vinho da Babilônia (14:8; 18:3, veja 23-34; veja 17:18) são intencionalmente hiperbólicas, mas, para nós, parece muito mais. A luta da igreja com o Império Romano não foi — e não

[7]Observe, p. ex., as alusões a Apocalipse na Carta das Igrejas de Lyon e Viena (citado em Eusébio, *Hist. eccl.* 5.1.1-5.4:3), um dos primeiros relatos de martírios, espec. as menções a Apocalipse 14:4 (5.1.10) e Apocalipse 1:5; 3:14 (5.2.3).

poderia ter sido — a última etapa, a não ser a parúsia, na conquista do reino universal de Deus na terra.

Assim, a profecia de João foi admiravelmente cumprida, porém não com a chegada do reino. Ela retém, digamos assim, um excesso escatológico não concretizado. Aqui, é importante voltar à natureza da profecia bíblica como um todo, pois ela sempre *fez ambas as coisas:* abordou os contemporâneos do profeta sobre seu presente e seu futuro iminente *e* encorajou esperanças que se mostraram capazes de transcender sua relevância imediata aos contemporâneos do profeta e de continuar orientando os leitores seguintes quanto ao propósito de Deus para seu futuro. Às vezes, a historicização dos estudos modernos ressalta a primeira, excluindo totalmente a segunda e esquecendo que a maioria das profecias bíblicas só foi mantida no cânon das Escrituras porque sua relevância não foi esgotada por sua referência ao contexto original. Em contrapartida, a interpretação fundamentalista, que encontra na profecia bíblica predições codificadas de acontecimentos específicos muitos séculos depois do profeta, não entende bem a importância contínua da profecia e acaba por negligenciá-la, deixando de perguntar o que ela significava para seus primeiros ouvintes. Como fizemos neste livro, é fundamental compreender como a profecia de João foi dirigida a seus contemporâneos, já que são os únicos leitores que ela aborda explicitamente. Isso não nos impede de apreciar, mas nos auxilia a perceber como ela também pode transcender seu contexto original e falar conosco.

Existem duas características marcantes em como a profecia bíblica provou ter relevância contínua aos leitores posteriores. Em primeiro lugar, na tradição cristã, os propósitos divinos na história eram considerados constantes e, portanto, seus grandes atos de salvação e julgamento no passado podiam ser compreendidos como modelos do que ele faria no futuro. Por isso, por exemplo, as imagens do êxodo passaram a desempenhar uma função tão importante, não só em Apocalipse, ao narrar os acontecimentos escatológicos de salvação e juízo. Ademais, significavam também que as profecias que haviam sido cumpridas poderiam ser reinterpretadas e reaplicadas a novas situações. Quando João repete as profecias do AT referentes à condenação da Babilônia e de Tiro, usando-as para compor sua própria visão acerca da queda da Babilônia, ele não ignora sua referência original aos grandes poderes pagãos contemporâneos dos profetas que proferiram esses oráculos. Porém, ele via Roma como a sucessora de Tiro em seu império econômico e a sucessora da Babilônia em sua opressão política. Tendo em vista que o mal dessas cidades foi repetido e superado por Roma, o julgamento de Deus sobre elas também recai — e ainda mais — na própria Roma. A cidade em que servir a carapuça profética deve usá-la. Esse princípio permite que os oráculos proféticos transcendam sua menção original, sem supor que, de alguma maneira, quando Jeremias se referiu à Babilônia, estava falando, na verdade, de Roma. O mesmo conceito valida a forma de Apocalipse inspirar críticas de sistemas posteriores de opressão política e econômica ao longo da história da igreja — o que ainda acontece nos dias atuais.

Em segundo lugar, a promessa profética costumava exceder o cumprimento. Por exemplo, a restauração de Israel após o exílio na Babilônia não correspondeu ao contexto em que os grandes profetas do exílio a previram. De certo modo, suas profecias foram confirmadas, mas, por outro, continuaram inspirando esperança por um evento de salvação muito maior, em que o Senhor seria vindicado universalmente como o Deus de seu povo e das nações do mundo. Nesse excedente da promessa quanto ao cumprimento, estão as raízes de grande parte da escatologia apocalíptica. A visão joanina da Nova Jerusalém se desenvolveu a partir das visões dos profetas do exílio — visões que a reconstrução real de Jerusalém e do templo após o exílio ficou muito aquém de realizar. De certa maneira, a maior parte da tradição profética bíblica carrega uma tendência escatológica, ou seja, a situação contemporânea é analisada em relação direta com uma resolução final da história na vinda do reino de Deus. Isaías já visualiza o governo paradisíaco de paz e justiça universal pelo ramo messiânico surgido do toco de Jessé como a crítica e a substituição imediata da opressão militarista do Império Assírio, assim como João espera que o triunfo dos mártires e o juízo de Deus no que se refere ao sistema de poder romano signifiquem a chegada do reino universal de Deus na parúsia de Jesus Cristo. Nos profetas posteriores e na tradição apocalíptica, essa tendência escatológica torna-se ainda mais evidente e definida. Parece ser inerente à tradição profética bíblica perceber a vontade de Deus para a situação presente no contexto de seus propósitos finais de justiça e graça a toda a sua criação. O fato de ser uma característica não problemática dessa tradição fica claro pelo fato de essa profecia não ter sido rejeitada como falsa, mas integrada aos princípios da esperança judaica e cristã. O cumprimento da profecia era real e reconhecido, mas estava aquém do excesso escatológico de expectativa que as profecias causavam e que só poderia ser satisfeito pela vitória final de Deus sobre todo o mal. A demora desse último triunfo foi complicada pelo mesmo motivo que faz a questão do mal ser necessariamente problemática a todos os crentes teístas. Entretanto, as profecias em si não eram problemáticas. Seus cumprimentos provisórios, dentro das ambiguidades da história, mantinham a expectativa da vinda do próprio reino escatológico.

De certo modo, Apocalipse, como ápice do conhecimento profético, é peculiarmente capaz de transcender seu contexto original de relevância. Ele reúne e reflete, mais uma vez, acerca de muitas das vertentes da profecia bíblica que ultrapassaram mais claramente seus próprios contextos originais e inspiraram as esperanças sólidas do povo de Deus. Além disso, ao fazê-lo, ele combina uma especificidade contextual valiosa para seus primeiros leitores com uma espécie de hipérbole escatológica que transcende naturalmente seu cenário. Como já observamos, ele usa, com bastante frequência, uma linguagem claramente universal, tanto sobre o poder, o domínio e o louvor da besta quanto sobre a missão e o testemunho da igreja. Esta última vem de todas as nações (5:9) e constitui uma multidão incontável (7:9). Seu testemunho, representado pela proclamação do anjo do evangelho eterno, é enviado a todos os povos (14:6). O tempo esperado de provação sob o governo da besta recairá no mundo inteiro (3:10). A besta tem autoridade sobre todas as nações e é cultuada por todos os habitantes da terra (13:7,8). A segunda besta reforça sua adoração por um sistema de controle totalitário da vida econômica (13:12-17) que, ainda que satisfaça a lógica do tipo de poder da besta, excede bastante não meramente as realidades, mas também as possibilidades do primeiro século. O dragão, a besta e o falso profeta agrupam os reis de toda a terra para a batalha final no Armagedom (16:14). A Babilônia engana todas as nações (14:8; 18:3,23) e é culpada pelo sangue de todos os que foram assassinados na terra (18:24). Mesmo admitindo as limitações do horizonte geográfico dos indivíduos do primeiro século, tudo isso deve ser intencionalmente hiperbólico. Apresenta o conflito por vir entre a igreja e a besta sob uma perspectiva escatologicamente universal, e não historicamente realista. Sobrepõe a visão da vinda do reino de Deus ao futuro imediato que João e seus leitores enfrentam.

Isso não significa que João prediz, em um futuro distante, séculos depois do Império Romano, um Estado verdadeiramente universal, totalitário e anticristão. A hipérbole é do mesmo tipo de outra observada no capítulo 4: a maneira que ele escreve, *como se* todos os cristãos precisassem sofrer o martírio. O exagero deixa evidente o que está em jogo no confronto entre a igreja e o império. Esse conflito realmente se refere à vinda do reino de Deus. Contudo, a hipérbole mostra também que o que está em xeque no embate daquela época é o que sempre está em jogo na história da igreja. A besta, como o Império Romano, nunca teve uma força genuinamente universal, mas o que ela representa, em mil outras formas históricas, contesta o controle de Deus sobre o mundo até a vinda de seu reino escatológico. Portanto, a rua da grande cidade, em que as testemunhas da verdade divina se encontram mortas pelas mãos da besta, também não precisa ser nem em Jerusalém, nem em Roma, tampouco nas cidades da Ásia. Além disso, pode ser onde quer que um número inigualável de mártires cristãos em nosso século tenha morrido. A hipérbole escatológica dá a esses símbolos o poder inerente de chegar até a parúsia. Ademais, não é apenas o exagero que confere às imagens tamanha força. Uma vez que as ilustrações de João destinam-se a penetrar o caráter essencial dos poderes em ação em seu mundo contemporâneo e as questões fundamentais em debate nele, em uma dimensão impressionante, descartamos elementos históricos meramente secundários de seu mundo. Existe uma quantidade suficiente deles para tornar a referência inconfundível: a Babilônia foi construída sobre sete colinas (17:9) e comercializa uma lista muito precisa das importações para a Roma do primeiro século de todo o mundo conhecido (18:11-13).[8] Todavia, esses elementos são pouquíssimos, com o propósito de facilitar a reaplicação das imagens em situações comparáveis. Qualquer sociedade que se encaixe nesses critérios deve dar-se conta disso. E qualquer sociedade que considere absoluta sua prosperidade econômica à custa dos outros está sob a condenação da Babilônia.

Dessa forma, Apocalipse, em seu elemento preditivo, encontrou sua concretização em seu futuro imediato e também encontra uma relevância contínua que transcende seu contexto original e ainda pode inspirar e atestar a esperança pela vinda do reino de Deus. Nessa combinação de cumprimento e excesso, a profecia joanina mostra-se fiel à tradição da profecia bíblica, e a quem considera convincente a visão do mundo dessa concepção, ela se prova verdadeira.

IMINÊNCIA E ATRASO

A mesma questão que analisamos na última parte tem outro aspecto que vale a pena observar, até porque, em geral, os leitores modernos o consideram problemático. É a expectativa iminente que Apocalipse compartilha com a maior parte dos documentos do NT. A profecia de João é uma revelação do "que *em breve*

---

[8]R. Bauckham, "The economic critique of Rome in Revelation 18", in: L. Alexander, org., *Images of Empire*, *JSOTSS* 122 (Sheffield: *JSOT* Press, 1991), p. 58-79, que é o cap. 10 em Bauckham, *The climax of prophecy*.

há de acontecer" (1:1; veja 1:3; 22:10: "o tempo está próximo"). Isso não significa somente que o grande conflito entre a igreja e o império está prestes a *começar*, pois a parúsia também é para breve. No epílogo, o próprio Jesus promete três vezes: "Eis que venho em breve" (22:7,12,20; veja 2:16; 3:11). Muitos pensaram que a expectativa apocalíptica do cristianismo primitivo seria invalidada por esse senso de iminência temporal. Essa conclusão torna problemática grande parte do NT, mas nada mais do que esse livro, que é tão dominado pela esperança escatológica.

Contudo, tanto a demora como a iminência são características de Apocalipse. Está escrito na estrutura da obra. A partir do momento em que os mártires questionam "até quando?" e é solicitado que aguardem um pouco mais (6:10,11), o leitor — e, principalmente, o ouvinte de uma apresentação oral do livro — torna-se consciente da tensão da proximidade e do atraso, pois o fim está chegando cada vez mais perto, embora ainda não tenha sido definitivamente alcançado. A série decepcionantemente moderada de juízos de advertência progride de forma bem lenta em direção ao clímax esperado no julgamento final. Os intervalos entre a sexta e a sétima aberturas do selo e entre a sexta e a sétima trombetas representam e explicam essa demora. Nos capítulos fundamentais 10 e 11, descobrimos que não haverá mais espaço para adiamentos por causa de mais juízos de advertência (10:3-6), mas que um atraso ocorrerá, durando o período simbólico de três anos e meio (11:3), em razão do testemunho profético da igreja ao mundo. Aqui, João cria a própria versão da tensão entre a iminência e o atraso escatológico que permeia toda a tradição apocalíptica. A lógica da urgência é que o reino de Deus virá. O mal é triunfante e os justos sofrem: é evidente que essa contradição com o propósito divino não pode continuar indefinidamente? Se Deus é justo, logo ele corrigirá todos os erros. Porém, a lógica da espera é a da paciência e da graça de Deus. Ele oferece ao povo tempo para se arrepender. A revelação de João quanto à função do testemunho sofredor da igreja torna essa lógica mais estreita. O sofrimento dos justos, que na tradição apocalíptica, exige a intervenção iminente de Deus para estabelecer seu reino, é, na verdade, a estratégia de Deus na tarefa de estabelecer seu reino.

Obviamente, o período de três anos e meio é simbólico. (Qualquer um que duvide que as especificações de tempo de Apocalipse sejam todas figurativas precisa considerar 2:10; 17:12.) Essa duração também é chamada de "um pouco mais" (6:11; 12:12; 17:10), expressão que, assim como os três anos e meio, tem uma base exegética e um papel tradicional em consideração ao atraso escatológico (Salmos 37:10; Isaías 26:20; Hebreus 10:37). Isso garante à igreja que seu tempo de provação não é indefinido. Ele tem um limite dentro do propósito de Deus, e o reino finalmente virá. É condizente com a promessa de Jesus, de vir "em breve", mas de um modo que elimina a possibilidade de cálculo cronológico. A igreja que ora pela chegada do reino e espera pela conversão das nações vive na tensão da proximidade e da demora. O fato de essa tensão ser teológica, e não meramente cronológica, explica por que o atraso da parúsia não foi, para a igreja primitiva, o tipo de problema que se tornou para os estudiosos modernos do NT.[9]

O efeito realmente importante da expectativa iminente em Apocalipse é que permite a João trazer sua visão profética do resultado da história para apoiar seu entendimento da situação contemporânea. É enquanto vê o propósito divino de finalmente estabelecer seu reino universal se impor ao presente que João é capaz de perceber o plano de Deus na situação presente e o papel que os cristãos são chamados a desempenhar visando à vinda do reino. Nesse processo profético de confrontar o presente com o propósito final de Deus para o mundo, há o reconhecimento implícito de que o fim da história tem uma relação única com toda a história. Não é só a última coisa a acontecer após o penúltimo evento histórico. É o ponto em que a verdade de toda a história

---

[9]Veja ainda R. Bauckham, "The delay of the parusia", *TynB* 31 (1980): 3-36.

vem à tona. É o julgamento divino sobre o valor e o significado de tudo. Nesse sentido, a expectativa iminente dos primeiros cristãos era um modo de viver à luz do que, finalmente, a história é no plano de Deus. Cada momento da vida é visto com base na vinda do reino. Não podemos reproduzir artificialmente esse senso de iminência na forma temporal que assumiu para muitas gerações anteriores de cristãos. Entretanto, necessitamos de um tipo de segunda ingenuidade em que, além do obstáculo superficial do atraso da parúsia, possamos compartilhar o sentido cristão primitivo da relação de significado entre o presente e o reino escatológico de Deus.

RELEVÂNCIA DE APOCALIPSE HOJE

Esta última seção está longe de ser exaustiva. Ela não tenta interferir nos modos pelos quais os leitores podem encontrar seus próprios caminhos de envolvimento com a teologia do Apocalipse, para contextualizá-la em um cenário contemporâneo. Ela se limita a enfatizar, de forma sucinta, alguns pontos que surgiram neste estudo, oferecendo orientações teológicas para a reflexão nos dias atuais:

(1) Sugerimos que uma das funções de Apocalipse era purificar e renovar a imaginação cristã. Ele aborda a resposta criativa das pessoas ao mundo, que é, no mínimo, tão profunda e influente quanto suas convicções intelectuais. Reconhece a maneira que uma cultura dominante — com suas imagens e ideais — constrói o mundo para nós, para sermos capazes de perceber e responder ao mundo em seus termos. Além disso, desmascara essa construção dominante do mundo como uma ideologia dos poderosos que serve para manter seu poder. Em seu lugar, Apocalipse oferece uma forma diferente de perceber o mundo que leva os indivíduos a resistir e desafiar os efeitos da ideologia dominante. Além disso, como essa visão diferenciada do mundo consiste, fundamentalmente, em abri-lo à transcendência, ela resiste a qualquer absolutização da força ou das estruturas ou ideais dentro deste mundo.

Esse é o modo mais importante pelo qual a igreja é chamada a ser sempre contracultural. Evidentemente, a purificação e a renovação necessárias do imaginário cristão devem sempre ser tão contextuais quanto Apocalipse era em seu contexto original, mas o Apocalipse pode ajudar a inspirar e atestar isso.

(2) Vale acrescentar imediatamente que Apocalipse tem uma grande preocupação com a *verdade* de Deus. Portanto, não podemos interpretar a concepção de diferentes maneiras imaginativas de perceber o mundo da forma vulgarmente pós-moderna que reduz toda a realidade significativa a questões de preferência pessoal e resulta em niilismo. Essa obra não nos oferece a garantia de não confundir imagens com a verdade em si, mas prefere buscar as figuras que se conformam a ela e procura usar representações de modo que se ajustem ao que é real. Isso nos lembra que o testemunho da igreja ao mundo é autêntico apenas como um testemunho da verdade do único Deus verdadeiro e de sua essência e graça. Hoje em dia, nas sociedades ocidentais, esse testemunho da verdade não se contrapõe a uma ideologia totalitária que diz ser a única verdade e tenta suprimir o Evangelho. Em vez disso, enfrenta um desespero relativista da possibilidade da verdade e, ainda mais, uma negligência consumista da relevância da verdade. O testemunho da igreja será valioso somente se ela conhecer os ideais pelos quais vale a pena morrer.

(3) A visão alternativa do mundo que Apocalipse afirma estar orientada à verdade é profundamente teocêntrica. Assim, mostra o poder dessa visão para enfrentar a opressão, a injustiça e a desumanidade. No final, é só uma concepção purificada da transcendência de Deus que pode, efetivamente, resistir à tendência humana à idolatria, que consiste em absolutizar aspectos deste mundo. A adoração ao Deus verdadeiro é o poder de resistência à deificação das forças militar e política (a besta) e da prosperidade econômica (Babilônia). Na era moderna, podemos acrescentar que é o que pode impedir que movimentos de oposição à injustiça e à tirania se fortaleçam perigosamente.

(4) O Apocalipse resiste à ideologia dominante não só por sua referência ao Deus transcendente (céu), mas também a um futuro

alternativo (a nova criação e a Nova Jerusalém). Ao ver o mundo como aberto à transcendência divina, ele o abre para a vinda do reino de Deus. É isso que possibilita o pleno reconhecimento da injustiça e da opressão, bem como a relativização das estruturas — por mais poderosas que sejam — que atualmente as sustentam.

(5) Assim como a perspectiva de Apocalipse lá do alto (a transcendência divina no céu) e do futuro escatológico, de certa maneira, ele também adota um ponto de vista terreno, ou seja, sob a perspectiva das vítimas da história. Essa é uma concepção solidária, e não necessariamente o ponto no qual João e seus leitores se encontram por condição social e econômica. Contudo, esse é o resultado de defender a Deus e seu reino contra as idolatrias dos poderosos. Uma vez que a teologia do Apocalipse pode ser chamada de teologia da libertação, destina-se tanto aos ricos e influentes como aos pobres e oprimidos.

(6) O Apocalipse não responde à ideologia dominante promovendo a retirada cristã para um enclave partidário que deixa o mundo passível de julgamento enquanto se consola com sonhos milenares. Como esse é o padrão caricato da mentalidade apocalíptica, deve-se destacar que é oposta à visão do Apocalipse, que é orientada à vinda do reino de Deus em todo o mundo e que chama os cristãos a uma participação ativa nessa vinda do reino. Em sua esperança ousada pela conversão de todas as nações para a adoração do Deus verdadeiro, ela desenvolve as características mais universalistas da tradição profética bíblica. Em sua concepção do testemunho profético da igreja defendendo o Deus verdadeiro e sua integridade contra as idolatrias políticas e econômicas de Roma, é fiel à convicção profética de que a adoração genuína a Deus é inseparável da justiça e da verdade em todos os aspectos da vida. É no universo público e político que os cristãos darão testemunho a favor do reino de Deus. O louvor, que é tão importante na perspectiva teocêntrica de Apocalipse, em nada se relaciona com o afastamento pietista do mundo público. Ele é a fonte de resistência à idolatria do mundo público, apontando para o reconhecimento do Deus verdadeiro por todas as nações, no culto universal ao qual toda a criação se destina.

(7) É a orientação de Apocalipse ao reino universal de Deus que explica sua ênfase na escatologia futura. Os críticos citados que enxergam o livro como uma forma insuficientemente cristianizada de judaísmo muitas vezes têm isso em mente, contrastando o Apocalipse com a maior ênfase na escatologia de alguns outros escritos do NT. Todavia, meramente estabelecer um contraste entre os reforços relativos implica perder o argumento. Na teologia do Apocalipse, é fundamental reconhecer que a vitória de Jesus Cristo já foi conquistada, e seu resultado imediato, em constituir um povo para Deus proveniente de todas as nações, é uma espécie de concretização do reino de Deus, no sentido de que esse povo já reconhece seu governo. A ênfase na escatologia futura vem da consciência de que esse não é o objetivo de Deus. O sentido em que o reino de Deus ainda não chegou é que os poderes que dominam o mundo o fazem em desafio a Deus e sua justiça. A igreja não existe para si, mas para participar da vinda do reino universal de Deus. A vitória que o Messias já conquistou é o evento escatológico decisivo, mas não pode ter alcançado sua meta até que todo o mal seja eliminado do mundo e todas as nações sejam reunidas no reino do Messias. Essa é, concretamente, uma perspectiva apocalíptica judaica sobre o marco cristão da salvação, ainda que seja um contrapeso totalmente necessário a um tipo de escatologia que espiritualiza tanto o reino de Deus que esquece a natureza não redimida da terra. A escatologia futura de Apocalipse tem a intenção de orientar a igreja para o mundo de Deus e o futuro de Deus para o mundo.

(8) A crítica profética de Apocalipse é tanto das igrejas quanto do mundo. Ela reconhece que existe uma religião falsa não só nas idolatrias evidentes de poder e prosperidade, mas também no perigo contínuo de que a religião verdadeira se falsifique ao se comprometer com essas idolatrias e trair a verdade de Deus. Mais uma vez, essa é a relevância da ênfase teocêntrica de Apocalipse na adoração e na verdade. A essência de Deus é conhecida no louvor genuíno a ele. Para resistir à idolatria no mundo pelo testemunho fiel da verdade, a igreja precisa purificar continuamente sua própria percepção da

verdade pela visão do Santo, o Criador soberano, que compartilha seu trono com o Cordeiro que foi morto.

(9) A participação cristã no propósito de Deus de estabelecer seu reino é retratada em Apocalipse como uma questão de testemunho, principalmente verbal, mas fundamentado pela vida. Não deveria surpreender-nos o fato de que as possibilidades de mudar a sociedade pelo uso de poder e influência conforme os valores do reino de Deus não fossem previstas. Subsiste a dúvida se isso deve ser atribuído à percepção apocalíptica do mundo, como muitas vezes acontece, como se, de outra forma, fosse possível ver as coisas de um modo diferente. Essa característica da tão falada percepção apocalíptica do mundo correspondia à situação realista dos cristãos no Império Romano do primeiro século e, essa razão, persiste em Apocalipse, que, de outra maneira, modifica a concepção mundial de várias formas, incluindo a ideia do testemunho da igreja para o mundo. É claro que, em outras situações, possibilidades diferentes de servir ao reino de Deus no mundo se abrem. Isso acontece como uma extensão bastante natural do conceito de testemunho do Apocalipse, envolvendo a obediência aos mandamentos de Deus, ou seja, incorporando seu reino em vida. Porém, o lembrete de Apocalipse de que a participação cristã na vinda do reino não depende da força e da influência permanece como algo importante. A forma essencial de testemunho cristão, que não pode ser substituída por nenhuma outra, é a fidelidade sistemática ao reino de Deus. Nesse testemunho frágil, surge o poder da verdade para derrotar as mentiras. A força e o impacto legítimos não podem ser desprezados, mas é melhor resistir às tentações do poder quando a prioridade do testemunho fiel é mantida.

(10) Na perspectiva universal de Apocalipse, as doutrinas da criação, redenção e escatologia estão profundamente interligadas. É Deus, o Criador de toda a realidade, que, em fidelidade à sua criação, age em Cristo para recuperar e renovar toda a sua criação. Por ser o Alfa da criação, também será o seu Ômega. A dimensão de sua nova criação é tão universal quanto a dimensão da criação em si. É como Criador que ele reivindica seu reino universal. É como Criador que ele é capaz de renovar sua criação, levando-a além da ameaça do mal e do vazio para a eternidade de sua própria presença.

Uma importante contribuição do Apocalipse para a teologia do NT é que ele coloca o tema central neotestamentário da salvação em Cristo claramente em seu contexto teológico totalmente bíblico do propósito do Criador para toda a sua criação. Essa é uma perspectiva que deve ser trazida de volta nos dias atuais.

(11) Ao longo deste estudo, ressaltamos não só a teocentricidade de Apocalipse, que significa que todos os outros aspectos de sua visão do mundo resultam de sua compreensão de Deus, mas também que esse entendimento é um produto sofisticado de reflexão teológica séria. Infelizmente, essa doutrina de Deus tem sido o fator mais confundido de um livro muito incompreendido. O Apocalipse traz a teologia trinitária mais desenvolvida do NT, com exceção — possivelmente — do Evangelho de João, e é ainda mais valiosa para mostrar a evolução do trinitarismo de um modo bastante independente das categorias filosóficas helenísticas. O Apocalipse tem uma percepção poderosa e apofática da transcendência de Deus que evita e supera completamente as críticas atuais às imagens monárquicas de transcendência. Ao mesmo tempo que retém a glória de Deus de um mundo em que os poderes malignos ainda dominam, reconhece a presença dele neste mundo na forma do Cordeiro que foi morto e nos sete espíritos que inspiram o testemunho da igreja. Ao colocar Cristo no trono e os sete espíritos diante dele, ele dá ao amor sacrificial e ao testemunho da verdade a prioridade na vinda do reino de Deus ao mundo, enquanto a abertura da criação à transcendência de Deus garante a vinda desse reino. O governo de Deus não contradiz a liberdade humana, como a tirania coercitiva da besta, mas encontra seu cumprimento na participação do povo no domínio de Deus, ou seja, na coincidência da teonomia e da autonomia. Por fim, a transcendência divina não impede, mas torna possível que o destino escatológico da criação exista em uma relação imediata com Deus, sua presença, sua glória e sua vida eterna. Essa recapitulação dos pontos principais na compreensão de Deus que foram expostos ao longo deste estudo tem a intenção de sugerir que o Apocalipse tem uma relevância teológica inesperada hoje em dia, podendo ajudar a inspirar a renovação da doutrina de Deus, que talvez seja a necessidade teológica contemporânea mais urgente.

LEITURAS ADICIONAIS

Os livros e artigos a seguir estão entre os textos mais úteis nos estudos específicos da teologia de Apocalipse.

BARR, D. L. "The Apocalypse as a symbolic transformation of the world: a literary analysis". *Int.* 38 (1984): 39-50.

______. "The Apocalypse of John as oral enactment". *Int.* 40 (1986): 243-56.

BAUCKHAM, R. *The climax of prophecy: studies on the Book of Revelation.* Edinburgh: T. & T. Clark, 1992. [Coletânea de ensaios, incluindo muitos que desenvolvem aspectos do argumento do presente livro em mais detalhes.]

BEASLEY-MURRAY, G. R. *The Book of Revelation.* NCB. London: Marshall, Morgan & Scott, 1974. [Comentário confiável e atento às questões teológicas.]

BORING, M. E. "The theology of Revelation: 'the Lord our God the Almighty reigns'". *Int.* 40 (1986): 257-69.

BOVON, F. "Le Christ de L'Apocalypse". *RTP* 21 (1972): 65-80.

CAIRD, G. B. *A commentary on the Revelation of St. John the Divine.* BNTC. London: A & C. Black, 1966. [Comentário marcante por sua tentativa de ler Apocalipse como uma reinterpretação totalmente cristã de ilustrações e temas do AT.]

COMBLIN, J. *Le Christ dans l'Apocalypse.* Bibliothèque de Théologie: Théologie biblique 3/6. Paris: Desclée, 1976. [Esse estudo fundamental da cristologia (e de assuntos relacionados) de Apocalipse foi escrito independentemente da pesquisa de Holtz (veja o próximo tópico). Uma observação anexa (p. 237-40) destaca as diferenças entre Comblin e Holtz.]

HOLTZ, T. *Die Christologie der Apokalypse des Johannes.* TU 85. Berlim: AkademieVerlag, 1962. [Estudo-padrão e bastante minucioso do tema, que, no entanto, pode ser complementado de maneira útil pela abordagem totalmente diferente de Comblin (veja tópico anterior).]

______. "Gott in der Apokalypse", in J. Lambrecht, org. *L'Apocalyptique johannique et l'Apocalyptique dans le Nouveau Testament.* BETL 53 (Gembloux: Duculot and Leuven: University Press, 1980. p. 247-65.

MAZZAFERRI, F. D. "The genre of the Book of Revelation from a source-critical perspective". BZNW *54*. Berlim/ New York: de Gruyter, 1989. [Embora seu maior objetivo seja argumentar que Apocalipse pertence ao gênero literário da profecia, esse estudo é mais abrangente do que seu título sugere e traz muitas percepções sobre diversas questões de interpretação.]

MINEAR, P. S. "Ontology and ecclesiology in the Apocalypse" *NTS* 12 (1966): 89-105.

______. *I saw a New Earth: an introduction to the visions of the Apocalypse.* Washington/ Cleveland: Corpus, 1968. [Ainda que a tese de Minear de que Apocalipse não é uma crítica do Império Romano, mas apenas da igreja, não seja convincente, esse é um livro cheio de percepções inovadoras e sensíveis.]

RISSI, M. *Time and history: a study of the Revelation.* Trad. para o inglês G. C. Winsor. Richmond: John Knox Press, 1966. [Essa é uma tentativa de ajustar Apocalipse a uma estrutura teológica *heilsgeschichtliche* (salvífico-histórica).]

SCHÜSSLER FIORENZA, E. *The Book of Revelation: justice and judgment.* Philadelphia: Fortress, 1985. [Coletânea de ensaios fundamentais de um dos maiores especialistas americanos em Apocalipse.]

SWEET, J. P. M. *Revelation.* SCM Pelican Commentaries. London: SCM, 1979. [A interpretação de Sweet segue a concepção de G. B. Caird e Austin Farrer (cujas melhores observações ele absorve dos mais excêntricos) e está profundamente atento ao significado das alusões do AT e da variedade de associações das imagens. É provavelmente o melhor comentário resumido em língua inglesa.]

______. “Maintaining the testimony of Jesus: the suffering of Christians in the Revelation of John”, in: W. Horbury; B. McNeil, orgs. *Suffering and martyrdom in the New Testament: studies presented to G. M. Styler*. Cambridge University Press, 1981. p. 101-17.

TRITES, A. A. *The New Testament concept of witness*. SNTSMS 31. Cambridge University Press, 1977. cap. 10. [O estudo mais importante sobre esse assunto em Apocalipse.]

VÖGTLE, A. “Der Gott der Apokalypse: Wie redet die christliche Apokalypse von Gott”, in: J. Coppens, org. *La notion biblique de Dieu: le Dieu de la Bible et le Dieu des philosophes*. BETL 41 (Gembloux, Duculot e Leuven: University Press, 1976). p. 377-98.

YARBRO COLLINS, A. *Crisis and catharsis: the power of the Apocalypse*. Philadelphia: Westminster Press, 1984. [Uma tentativa de entender a mensagem do livro em um contexto sociológico e psicológico.]

ÍNDICE DE ASSUNTOS

Este livro foi impresso em 2024 pela Assahi
para a Thomas Nelson Brasil. A fonte usada no
miolo é a Garamond. O papel do miolo é pólen
natural 80g/m².